Ils ont fait pire !

Collection Humour, Paris, 2009
www.maxmilo.com
ISBN : 978-2-35341-062-0

PHILIPPE CHATENAY, SIMON MARTY

ILLUSTRATIONS DE GROS

ILS ONT FAIT PIRE !

300 NOUVEAUX FAITS DIVERS INSOLITES ET HILARANTS

Max Milo
HUMOUR

Préface

Une idée fondatrice présida, il y a plus de onze ans, à la création de l'hebdomadaire *Marianne* : combler le fossé de plus en plus profond et de plus en plus désastreux qui sépare (ou séparait) les prétendus organes de l'élite et les pseudo-médias populaires, les deux traversant, au demeurant, la même crise de désaffection. Résultat : ici, on n'entendra jamais une note de musique classique, et là, on se focalisera sur les seuls débats qui mobilisent Saint-Germain-des-Prés.

D'où notre décision de consacrer chaque semaine six pages – un record à l'époque – aux grands débats philosophiques et six pages à ces informations étranges, inouïes, terribles ou drolatiques, dramatiques ou farfelues, hyperréalistes ou surréalistes, que d'aucuns qualifient, avec une pointe de mépris, de « faits divers » voire – ce qui recule la frontière de la sottise – de « chiens écrasés ».

Au fond, l'assassinat d'un archiduc autrichien à Sarajevo fut un « fait divers », comme le meurtre du fils du pauvre Calas ou le blasphème du jeune chevalier de La Barre qui, pourtant, fascinèrent et mobilisèrent Voltaire. Quant aux agissements de Gilles de Rais, criminel pédophile du Moyen Âge, de Mandrin, Cartouche, Lacenaire qui inspira le Prévert des *Enfants du Paradis*, ou du Dr Petiot, quant à l'assassinat de son épouse par le duc de Choiseul-Praslin qui contribua tant au déclenchement de la révolution de 1848, au meurtre du directeur du *Figaro* par l'épouse de Caillaux, à la série de tueries qui ensanglantèrent les universités américaines, tout cela relève sans doute des « chiens écrasés ».

Le préjugé a la vie dure. Et, en effet, les premières années, *Marianne* ne cessa de recevoir des lettres de lecteurs expliquant que le journal était tout à fait remarquable mais, hélas, « défiguré » par ces pages consacrées à des sujets dépourvus de la noblesse, du chic ou du sérieux qui sied à un organe honorable, c'est-à-dire, au fond, indigne, vulgaire, bas de gamme.

Combien de fois ai-je dû leur répondre que ces informations, prétendues « de caniveau », car les idées toutes faites s'expriment toujours avec des mots tout faits, étaient celles – en réalité, d'une profondeur et d'une signification sociale considérables et trop souvent sous-estimées – qui nourrirent les œuvres de Stendhal, de Balzac, de Victor Hugo, d'Eugène Sue, mais aussi de Dostoïevski, de Faulkner ou d'André Gide. Qu'est-ce, en outre, que *Le Marchand de Venise* ou *Roméo et Juliette* de Shakespeare sinon des œuvres dramaturgiques tournant autour de faits divers ? De quoi nous parle Sophocle, sinon de crimes domestiques ? À côté de Médée, l'affaire Grégory est une bluette ! Un fils de famille dessoude son futur beau-père avant le mariage et c'est *Le Cid* ! Réfléchissez-y : on n'a jamais fait de film consacré à une motion de censure, à la lutte des courants au sein du PS ou à la création de l'UMP par Jacques Chirac, mais les cinéastes n'ont raté ni l'attaque du train postal, ni le casse de Spaggiari, ni le massacre de la Saint Valentin, ni le destin de Lucky Luciano ! De l'affaire des poisons à Jack l'Éventreur, de l'incendie du Bazar de la Charité à Landru ou au crime de l'impasse Ronsin, du scandale Stavisky à celui de la Société Générale, une époque n'exprime-t-elle pas sa ou ses spécificités à travers le type de faits divers qui ont éclaboussé sa mémoire ?

Au demeurant, toutes les enquêtes démontrèrent que 90 % des lecteurs de *Marianne*, même ceux qui faisaient la fine bouche, se précipitaient d'abord, hors l'éditorial, sur la rubrique « Ils l'ont fait » et moins, hélas, ou moins rapidement, sur les pages « Idées » qui n'en furent pas moins notre fierté.

Ce que je me suis abstenu de révéler, en revanche, à nos correspondants ronchons, c'est que raconter une histoire et en tirer une morale en un feuillet ou un feuillet et demi, y ajouter une pincée d'humour et en fignoler la chute (et en trousser ainsi une trentaine par numéro), est infiniment plus difficile et demande plus d'efforts et même parfois de talent que synthétiser la semaine politique en six pages (ce que *Marianne* de toute façon ne fait pas) ou stigmatiser les derniers forfaits de George Bush.

Voilà donc réunie la fine fleur des bouquets de plantes vénéneuses et de mauvaises herbes que *Marianne* offre chaque semaine à ses lecteurs. Toute une époque est là.

Avec ses folies, ses horreurs, ses rages, ses fous rires, ses absurdités et ses coups de génie. Du sang, du rire, des plaisirs et des larmes : la vie, quoi !

Jean-François Kahn

Avant-propos

Le volume précédent des faits divers insolites de *Marianne* a connu un certain succès. Les plus grands bonheurs sont inattendus. Un second tome ne pouvait être que décevant et nous n'y songions même pas. Et pourtant, quel regret de ne pas publier tant d'autres histoires issues de notre « première sélection » de l'an dernier, fruit des onze ans d'existence de cette rubrique phare de *Marianne.* Sans compter sur les « primeurs », nos plus belles perles de l'année !

Nous succombons donc, pour la dernière fois avant longtemps, au péché en vous livrant une compilation encore plus incroyable et désopilante des « Ils l'ont fait » de *Marianne.*

Et puisqu'il s'agit de péchés, pourquoi ne pas classer nos histoires en fonction des sept péchés capitaux ? Ce clin d'œil de la laïque *Marianne* correspond si bien aux travers des « héros » des pages « Ils l'ont fait »... Naturellement, les amateurs se demanderont où diable nous avons casé les animaux. Eux ne pèchent pas (quoique...). Eh bien nous avons créé un huitième chapitre que notre esprit potache s'est empressé d'intituler « L'arche de Noé » ! Autre lacune, nous ne savions où ranger nos « belles histoires ». Et pourquoi ne pas intégrer dans ces pages un « Paradis » ?

Enfin, il nous restait à définir de quoi se composerait la préface du fondateur de ces pages, Jean-François Kahn ? « Je n'ai rien à ajouter ni à retrancher de ma préface de l'an dernier », nous indiqua-t-il après réflexion, tout en nous précisant que le plus difficile demeurait à faire : parvenir à vous présenter une sélection encore plus époustouflante des frasques de la vie. Des pages vraies dans lesquelles chacun peut s'identifier, pour le meilleur comme pour le plus abominable.

Et maintenant : à table !…

CHAPITRE PREMIER

L'ORGUEIL

« Mais enfin, je suis XXXX ! » Un obscur journaliste de télévision hurlait dernièrement cette phrase par téléphone à l'oreille d'une malheureuse serveuse de restaurant qui venait de lui annoncer : « L'établissement est complet. » Les témoins de la scène ne purent que pouffer devant tant d'autosatisfaction si mal placée. Dans la rubrique « faits divers », les « chevaliers blancs » et autres blancs-becs ne manquent pas. Ils ne manquent pas non plus de nous amuser…

Selon le *Sun*, Hitler n'en avait qu'une !

Le tabloïd anglais *The Sun* a une nouvelle fois dégotté « le plus gros scoop du siècle » et dopé ses ventes : Hitler n'avait qu'un testicule ! Selon un médecin de l'armée allemande qui aurait sauvé la vie du Führer pendant la première guerre mondiale, Adolf Hitler aurait perdu un testicule pendant la bataille de la Somme en 1916. La « révélation » a été faite dans un document retranscrivant une conversation datant des années soixante entre un prêtre et le médecin allemand. Ce dernier se souvient : « Ils l'avaient surnommé "le crieur" car il était très bruyant et n'arrêtait pas d'appeler "À l'aide !" » Hitler était blessé à l'abdomen et aurait perdu un testicule. Sa première question au médecin aurait été : « Pourrai-je avoir des enfants ? » Cette info totalement invérifiée et vraisemblablement bidon aura au moins permis au *Sun* de se faire des c… en or.

La presse britannique prête à tout pour une belle photo

Un quotidien britannique, désireux d'illustrer un article sur la récession économique aux États-Unis et la montée de la pauvreté, a choisi une belle image montrant une longue queue de gens mal habillés, pour la plupart noirs, sur un trottoir. La photo était sous-titrée « Amérique, la grande dépression : des gens attendent des bons de produits alimentaires ». Seul petit problème : la photo a été prise en 2005, et montre des SDF de New York faisant la queue pour obtenir un manteau gratuit ! Inutile de dire que la presse américaine en a fait ses choux gras…

Punition exemplaire pour le tagger de glacier

Des touristes anglais qui visitaient le glacier de Franz Josef, dans l'île sud de la Nouvelle-Zélande, ont eu le choc de voir un jeune homme muni de bombes de peinture qui dessinait des graffitis sur les rochers et la glace. Les Anglais ont pu prendre une photo du vandale, et l'ont montrée aux guides du parc naturel, classé au patrimoine de l'humanité par l'Unesco. Grâce à la photo, la police n'a eu aucun mal à arrêter Jan Scharbert, un Allemand de 28 ans, alors qu'il s'apprêtait à grimper dans un autocar. On lui a donné le choix entre une inculpation pour vandalisme, et… enlever ses graffitis. Scharbert a choisi l'option nettoyage, et a donc passé deux jours, sous la supervision des guides, à effacer toute trace de son méfait. « Heureusement qu'il y avait des guides avec lui, a commenté le directeur du parc naturel, car il s'est fait copieusement insulter par tous les marcheurs qui passaient. Ils l'auraient certainement passé à tabac s'il n'y avait pas eu des membres du staff. »

Il avait disparu avec l'argent, on le retrouve dans un film

Il y a une dizaine d'années, Martino Garibaldi, un commerçant de Montecalvo, en Italie, avait disparu, emmenant sa maîtresse et le contenu du compte bancaire familial. Les détectives privés engagés par sa femme n'avaient pas réussi à le retrouver. Et puis, récemment, un voisin qui regardait un film à succès, *Natale in Crociera* (« Noël en croisière ») a aperçu Garibaldi et sa maîtresse à l'arrière-plan d'une scène du film, qui a été tourné en République dominicaine. La *Signora* Garibaldi a aussitôt fait lancer un mandat international contre lui. Pas folle, elle ne demande pas son retour, mais seulement la restitution des 50 000 euros volés.

Un touriste s'invite sur un tournage de film à Hollywood

Un Anglais, en voyage à Los Angeles, se paie le luxe d'une nuit à l'hôtel *Caesars Palace*. Dans le hall, il s'aperçoit qu'on tourne un film dans une partie du bâtiment. Le film, c'est *Iron Man*. Il s'approche, mais un garde lui demande son accréditation. Le jeune homme présente la carte lui permettant d'entrer dans sa chambre d'hôtel, le cerbère n'y voit que du feu, et le laisse entrer. Il s'assied sur une chaise, qui se trouve être juste à côté de celle de la vedette de *Iron Man*, Robert Downey Jr. Le touriste entame la conversation et lui dit qu'il est un imposteur, mais cela laisse Iron Man de glace. Trois heures après, le réalisateur appelle celui qu'il croit être un figurant et lui demande de jouer une courte scène avec l'actrice

Gwyneth Paltrow, l'héroïne du film. « Elle devait me mettre la main sur l'épaule et je la conduisais jusqu'à une table », raconte-t-il. Résultat, Carl Kelly figure dans le film et est même visible sur les extraits annonçant sa sortie en cinéma. Une sorte de figurant sauvage.

Homme de Dieu, mais amateur de cinéma

Comment amener les gens à venir plus souvent à l'église ? En s'inspirant de l'exemple de ce pasteur américain de Virginie, qui a décidé de surprendre ses ouailles chaque dimanche en revêtant un costume de personnage de cinéma. L'homme d'Église, âgé de 47 ans, relève ce défi depuis le mois de juin, ne s'inspirant que de grosses productions américaines récentes pour ses costumes et le thème de ses sermons. Il déclare vouloir faire « de l'Église et de Dieu des notions plus concrètes, en rapport avec la vie des gens ». Il y a déjà eu la version *Batman, Indiana Jones* ou *Hulk*. Une sorte de « dernière croisade » pour récupérer des paroissiens…

Gangster à la scène comme à la ville

Les détenus d'une prison de Naples avaient obtenu un soir de la semaine dernière, l'autorisation de regarder tous ensemble la télévision dans le réfectoire. Avant le film, ils assistaient aux bandes-annonces. Or lorsque celle du film *Gomorra* (une histoire de gangsters ayant reçu le Grand Prix du festival de Cannes) passa à l'écran, les prisonniers pointèrent leur doigt en direction de l'un des truands du film en criant à l'unisson : « Mais c'est ce bon vieux Giovanni ! » Et les matons ne purent que constater qu'il s'agissait bel et bien de Giovanni Venosa, un dangereux gangster recherché par toutes les polices du pays ! Bien sûr Giovanni fut arrêté dès le lendemain. Pas sûr qu'il soit ravi de retrouver tous les codétenus qui l'ont si spontanément dénoncé...

Des policiers roumains prennent des cours de... ballet

Dorel Cojan, le chef de la police de Timişoara, en Roumanie, pense qu'un bon agent chargé de la circulation est un agent gracieux. Il a donc ordonné à vingt policiers de suivre des cours de danse classique donnés par un ancien danseur étoile. « Ils vont apprendre à être agréables à voir bouger, ce qui rendra la circulation automobile plus fluide, affirme Cojan. Ce qui compte, c'est la grâce des mouvements. » On suggère à l'office du tourisme local d'en faire un slogan publicitaire : « Venez à Timişoara, la ville où les policiers font des pointes et des pirouettes. »

Le « Fear Factor » indien tourne mal

Il voulait jouer avec ses nerfs, il a joué avec sa vie... Un participant de l'émission « Khatron Ke Khiladi », l'adaptation indienne de l'émission de télévision américaine « Fear Factor » qui oblige les candidats à se surpasser dans des situations critiques, a bien failli se noyer sous l'œil des caméras. Alors qu'il tentait de repousser les limites de l'apnée, immergé dans une cuve en verre, Anjar Khan a perdu connaissance pendant le tournage. La production ne s'étant pas rendu compte tout de suite de l'anomalie, le jeune homme de 22 ans, dans un état critique, a dû être hospitalisé d'urgence. Trois des organisateurs ont été arrêtés pour mise en danger d'autrui. Après quelque temps passés sous respiration artificielle, Anjar semble aujourd'hui tiré d'affaire. Côté frayeur, on peut dire qu'il a été servi !

La fausse moustache de l'espion le lâche à la télé

Le moment était historique : pour la première fois, un agent du MI6, le service de renseignements britannique, avait accepté de donner une interview à la télévision. Justin Rowlatt, le journaliste de la BBC, avait déjà posé beaucoup de questions quand il se rendit compte que l'agent, identifié seulement comme « John », posait fréquemment un doigt sur sa lèvre supérieure : sa fausse moustache était en train de se décoller sous la chaleur des projecteurs. « Je lui ai dit “John, la moustache va tomber”, et il a répondu “Je le crains, en effet. Allez, je l’enlève complètement”. Puis il l’a mise dans sa poche, et l’interview a repris. » Les téléspectateurs, qui n’ont pas eu droit à cette séquence-là, ont dû se demander s’ils n’avaient pas la berlue en constatant une soudaine absence de moustache.

Poutine « terrasse » un tigre de Sibérie... devant les caméras

Après avoir « redonné à la Russie son prestige d’antan », voilà que Vladimir Poutine sauve une équipe de télévision des griffes d’un tigre de Sibérie ! On savait déjà qu’il cultivait une image virile, comme lorsqu’il avait posé torse nu l’été dernier pour une série de photos qui avait fait le tour du monde. L’ancien président russe devenu Premier ministre, effectuait avec un groupe de spécialistes de la vie sauvage une visite dans un parc national de l’Extrême-Orient russe. Tandis qu’un tigre de l’Amour, pris au piège, fonçait vers son équipe, Poutine aurait rapidement décoché au fauve une fléchette de tranquillisant. Les membres de la chaîne de télévision Rossiya lui doivent une fière chandelle. Le présentateur n’a d’ailleurs pas manqué de saluer le courage de Vladimir Poutine, à l’ouverture du journal du soir. Des images du « héros », parcourant la taïga à grandes enjambées, puis aidant à mesurer les incisives du tigre avant de placer un émetteur à son cou, ont été diffusées à plusieurs reprises. Il serait bien sûr de mauvaise foi de songer à une quelconque mise en scène…

L'homme aux papilles qui valent 1 million de livres

Un chef cuisinier, employé à la société Authentic Food de Londres, vient de faire assurer ses papilles gustatives pour 1 million de livres, soit 1,5 million d'euros. Ce chef, Sanjay Sigat, âgé de 39 ans, décide des mélanges d'épices pour les currys de la chaîne Wetherspoon qui en vend deux millions et demi par an. Le directeur de la chaîne explique que « le palais de Sanjay est incomparable, et que ses currys sont incroyablement populaires ». Le *Sun*, qui rapporte l'information, compare le montant de l'assurance des papilles de Sigat, avec celui des mains du Rolling Stone Keith Richards. Pour tous deux, en vérité, il y a chefs-d'œuvre en péril : quand on sait à quel point un curry un peu trop épicé endommage les papilles, et quand on voit l'état de Keith Richards certaines soirées, si l'on est assureur, on peut se faire du souci.

Le gagnant du gros lot reprend son travail chez McDo

Un millionnaire qui sert des frites dans un fast-food, on ne voit pas ça tous les jours ! Mais, si vous êtes de passage au McDonald's de Cardiff, au pays de Galles, vous pourrez vous faire servir par Luc Pittard, un heureux gagnant de la loterie nationale. Après avoir pleinement profité de ses millions en s'offrant du bon temps, une belle villa et de somptueuses noces, l'ancien employé a décidé de reprendre du service, dix-huit mois seulement après avoir raccroché son uniforme. « Tout le monde pense que je suis fou, mais il n'y a pas que l'argent dans la vie », a déclaré au *Daily Mail* le jeune homme de 25 ans, qui se languissait de son travail et de ses collègues et amis. « Je suis encore jeune et un peu de dur labeur n'a jamais fait de mal à personne », a-t-il ajouté. Depuis qu'il se lève de nouveau à l'aube pour préparer des hamburgers, moyennant un salaire horaire de 5,85 livres, il n'a jamais été si heureux. Pourquoi se prélasser au bord d'une piscine quand on peut nager dans le bonheur et la friture ?

Il continue à balayer les rues malgré sa retraite

Toute sa vie active d'agent municipal, Phillip Winfield a balayé les rues de Peterborough, en Angleterre. À 60 ans, il a été mis à la retraite… mais continue, depuis quatorze ans, à faire son travail. « Je fais la même tournée qu'avant, dit-il. Je remplis en moyenne cinq sacs-poubelle par jour, soit environ deux cents tonnes de détritus depuis que j'ai pris ma retraite. Que voulez-vous, ça me met en colère de voir mes rues sales. » Admirable conscience professionnelle…

Débouté de sa plainte contre… Dieu

Ernie Chambers, un sénateur de l'État du Nebraska, aux États-Unis, n'a pas froid aux yeux : il a demandé à la justice d'ordonner à Dieu de cesser de « provoquer des destructions massives qui terrorisent des millions et des millions d'habitants de la planète ». Chambers énumère les crimes de Dieu, notamment « la crise financière », des « inondations catastrophiques », des « séismes meurtriers », des « famines atroces » et des « guerres génocidaires ». Hélas pour Chambers, le juge Marlon Polk a rejeté sa plainte, au motif que « Dieu n'a pas de résidence connue dans le comté de Douglas, et qu'il est donc impossible de lui remettre une convocation ». « Et moi qui croyais que Dieu était omnipotent et omniprésent », a maugréé Chambers, qui envisage de faire appel. On lui suggère de recourir au droit canon...

Une réincarnation de Bouddha pas très divine

Le jeune Népalais de 18 ans, présenté depuis mai 2005 par ses adorateurs comme la réincarnation de Bouddha, est réapparu mardi dernier dans le Sud du pays et a prêché devant dix mille disciples. Mais qu'a-t-il fait pour mériter le surnom « Petit Bouddha » ? Se faire pousser les cheveux jusqu'aux épaules et se couvrir d'un linge blanc, disparaître et refaire surface mystérieusement, méditer en lotus sous

un figuier pendant près de dix mois, se retirer dans une cachette souterraine sans dormir ni boire ni manger... C'est en tout cas sur ces « performances » que se fonde la croyance de ses fidèles. Sauf qu'un journaliste français l'a filmé en train de manger alors qu'il était censé jeûner, et qu'un correspondant de l'AFP l'a aperçu assoupi alors qu'on le disait en pleine méditation. L'histoire de ce bouddha tourne en eau de boudin...

Chapeau l'artiste : trois enfants nés le même jour !

Dans la famille de Martin et Kim MacKriell, un couple de Gloucester, en Angleterre, on mise à fond sur le 29 janvier : leur premier enfant, Robin, est né le 29 janvier 1994, leur deuxième, Rebecca, est né le 29 janvier 1996 et leur troisième, Ruby... est arrivé le 29 janvier 2007. Comme dit le père, directeur de l'association des sourds du Gloucestershire : « Non seulement il n'y a pas de problème à la maison pour se souvenir de la date d'anniversaire de nos enfants, mais chaque fin janvier ressemble à un Noël sans sapin, tellement il y a de cadeaux offerts le même jour. »

2 et 2 font 4

Dans l'honorable ville de Yiwu en Chine, un restaurant avait été surnommé « le restaurant du couple robot » par ses clients car il était ouvert vingt et une heures sur vingt-quatre, sept jours sur sept. Un journaliste du *Today Morning Post* a découvert le mystère de ce couple aussi infatigable qu'accueillant : les propriétaires du lieu sont des frères jumeaux qui ont épousé des jumelles, et chacun ressemble à l'autre comme deux grains de riz.

La mariée se retrouve avec la bague… dans l'estomac

M. Tchen, un habitant de la ville de Fuqing, en Chine, voulait demander sa main à Mlle Wen. Grand amateur de films à l'eau de rose, Tchen l'a invitée à dîner, et a dissimulé la bague de fiançailles à l'intérieur du gâteau. « Je m'imaginais son visage exprimer la surprise, puis la joie, a expliqué Chen au quotidien *Southeast Morning Post.* Hélas, quand je l'ai vue s'évanouir après avoir mangé une part du gâteau, j'ai compris qu'elle venait d'avaler la bague. » Bonne nouvelle : à l'hôpital où Tchen a tout de suite emmené Wen, les médecins ont pu récupérer la bague sans difficulté. Meilleure nouvelle : en découvrant ce qu'elle avait avalé, Wen a dit « oui » à la proposition de mariage de Tchen. À condition qu'il ne lui fasse plus le coup de la fève.

Les Beatles l'ont chanté, lui le fait : un diamant dans le ciel

Lefkos Hajji est un jeune Anglais romantique qui, pour demander à sa petite amie Leanne de l'épouser, se rend chez un fleuriste pour lui acheter un bouquet et un ballon transparent. Avant de gonfler le ballon d'hélium, il y glisse la bague de fiançailles, un joli diamant qui lui a coûté près de 10 000 euros. Hélas, lorsqu'il sort de la boutique, un violent coup de vent déséquilibre Hajji… qui lâche le ballon. Durant deux longues heures, il tente de suivre en voiture la course folle de son ballon emporté par la tempête, mais en vain. L'amoureux catastrophé va avouer sa mésaventure à Leanne. « Elle est devenue folle, a raconté Hajji. Elle ne veut plus me voir, tant que je ne lui aurai pas acheté un autre diamant. » Comme quoi, un avis de tempête mal signalé peut en entraîner un autre !

Pour cacher les joints, il les... avale

Tôt dimanche matin, la police de Durant, dans l'Oklahoma, reçoit un appel pour se plaindre du boucan que fait une soirée de jeunes. Les policiers se rendent à l'adresse indiquée, et trouvent une vingtaine de jeunes passablement éméchés. Ils aperçoivent deux cigarettes de marijuana sur une table, mais alors qu'ils approchent, Tony Pelayo, 20 ans, les fait disparaître. « Donnez-nous ces joints », dit un flic. « Impossible, répond Pelayo, je les ai mangés. » Et il fait un grand sourire vert au policier... qui l'inculpe sur le champ de « destruction de preuves ».

Peine doublée pour avoir ri de sa victime

Une nuit de décembre 2006, la voiture conduite par Melissa Arrington, 27 ans, une habitante de Tucson dans l'Arizona, percute un cycliste et traîne sa victime sur plusieurs centaines de mètres avant de s'immobiliser. Quand les secours arrivent, ils constatent que le cycliste, Paul L'Écuyer, 45 ans, est mort, et qu'Arrington est ivre. Le procès de la jeune femme vient de se tenir et elle a écopé de la peine maximale : dix ans et demi d'emprisonnement, alors que son avocat comptait sur la moitié. Que s'est-il passé ? Le juge Michael Cruikshank ne lui a fait aucun cadeau, à cause d'une conversation téléphonique interceptée entre Melissa et l'un de ses amis. Il lui disait : « Félicitations poulette, tu mériterais une médaille pour avoir réussi à dégommer d'un coup un écolo, un cycliste, un Français et un homosexuel. » La remarque, au lieu de choquer la poulette en question, la fait rire à gorge déployée. Le type se reprend et dit qu'il sait bien que c'est une chose horrible qui est arrivée cette nuit-là. « Non, répond Arrington, ce n'est pas horrible. » Cruikshank s'est dit « asphyxié par une telle inhumanité ». Conclusion : les blagues les plus courtes ne sont pas les meilleures, et peuvent engendrer des peines plus longues.

Un corbillard de course

Un ancien employé d'une société de pompes funèbres de Glasgow, en Écosse, a porté plainte contre ses employeurs pour « licenciement abusif ». En effet, ces derniers reprochaient à Scott Ralston, leur salarié depuis seize ans, son manque de respect pour les clients. L'impudent s'amusait en effet à faire crisser les pneus de son véhicule, klaxonnait, et dépassait la vitesse « autorisée » de cinq miles par heure (huit kilomètres-heure) pour ce genre d'équipage… Un excès de vitesse que le tribunal n'a pas jugé mortel, puisqu'il a tranché en faveur du croque-mort, lequel recevra une indemnité rondelette de 37 000 euros. Une décision parfaitement justifiée. Jamais un client ne s'est plaint d'être mené à un train d'enfer jusqu'à sa dernière demeure.

Un policier en pleine poursuite arrêté pour... excès de vitesse

L'inspecteur Zsolt Gyepes, le chef de la police régionale de Kalocsa, en Hongrie, était au volant de sa voiture quand il a vu un homme forcer la porte d'un véhicule garé, s'installer au volant et démarrer en trombe. N'écoutant que son sens du devoir, Gyepes se lança aussitôt à la poursuite du voleur. Hélas, il n'alla pas bien loin : deux policiers de la circulation se sont dressés devant son capot et l'ont verbalisé pour avoir roulé à plus de soixante kilomètres-heure dans une zone limitée à trente. « Mais je suis votre chef, tempêta l'inspecteur, et je poursuis un voleur de voiture ! » « En effet, nous vous avons reconnu, répliqua l'un des agents, mais comme vous n'avez pas mis votre sirène en marche, comme le stipule le règlement, nous allons vous donner une amende. » Scrogneugneu !

Elle se présente sept cent soixante et onze fois au permis de conduire !

Mme Cha, 68 ans, une habitante de Jeonju, en Corée du Sud, reconnaît qu'il n'y a pas de quoi être fière du record qu'elle vient d'établir. Mais, affirme-t-elle, ce n'est pas parce qu'elle a raté l'épreuve écrite de l'examen du permis de conduire pour la... sept cent soixante et onzième fois de suite qu'elle va renoncer à son rêve de tenir un volant. « Je me suis présentée à l'épreuve presque tous les jours depuis quatre ans, explique-t-elle, j'y ai dépensé près de 3 000 euros. Mais je sens qu'un jour je réussirai. » Elle bénéficie, en tout cas, de la sympathie de ses examinateurs. « À chaque fois que Mme Cha échoue, j'ai de la peine pour elle, dit un policier local. Si jamais elle réussit son examen, je lui offrirai une plaque commémorative. » Et une seconde pour un succès à l'épreuve de conduite ?

Rattrapé après quarante-sept ans de cavale, il doit finir sa peine

En 1960, Jim Morgan avait cambriolé un commerce de Chattanooga, dans le Tennessee. Arrêté peu après, il a été condamné à une peine de trois ans de prison au pénitencier de Nashville. Un an plus tard, il s'est évadé en compagnie de deux autres détenus. Les autres ont été rapidement repris, mais pas Morgan. Du moins, pas jusqu'à récemment, quand un contrôle d'identité, mené par la police de Greenville, en Caroline du Sud, l'a trahi. À 73 ans, Morgan devra donc purger le restant de sa peine. Félicitons néanmoins le juge pour avoir renoncé à lui infliger une prolongation pour évasion. Une cavale de quarante-sept ans méritait bien ça.

Vingt ans de cavale... pour rien

Un homme en cavale depuis vingt ans vient de découvrir qu'il n'était soupçonné... de rien. Bennie Wint, un Américain de Caroline du Sud, pensant qu'il était recherché pour trafic de stupéfiants, avait feint de s'être noyé sur une plage de Floride en septembre 1989. Depuis, il était en « cavale ». Il avait abandonné sa fiancée, sa petite fille de 4 ans et son nom... Sous son nouveau patronyme de William Sweet, il se remaria et eut un fils aujourd'hui âgé de 17 ans. À cause d'une plaque d'immatriculation défectueuse, la police l'arrête. Après avoir donné son faux nom, il avoue finalement sa vraie identité. Quelle ne fut pas sa surprise d'apprendre qu'il n'y avait jamais eu de charges contre lui ! Mais maintenant, c'est chose faite, puisqu'il est accusé de conduite sans permis et de déclaration de fausse identité devant un agent de police. Espérons que ce délit réel ne lui a pas donné envie de repartir en cavale…

Les voleurs braquent la police

Voici de sérieux clients au titre des « voleurs les plus culottés de l'année ». Particulièrement obstiné, ce groupe de malfrats est allé récupérer sa cargaison de consoles de jeux dans les locaux de la police, qui l'avait saisie quelques heures auparavant. Alertés par les fausses plaques d'immatriculation du camion Mercedes contenant un stock de PlayStation 3 dérobées, les policiers de la ville anglaise de Leeds avaient arraisonné le véhicule stationné sur un parking avec sa cargaison. Les trafiquants ne s'avouant pas vaincus, se sont rendus au dépôt sécurisé où se trouvait la marchandise, en ont fracassé la porte avant de repartir avec les consoles de jeux ! Si la police les retrouve, nul doute que la condamnation de ces voleurs ne sera pas virtuelle...

Un policier « bon pied mauvais œil »

Fraîchement nommé, un jeune policier anglais tenait tellement à effectuer sa première arrestation qu'il n'a pas interrompu sa poursuite après s'être enfoncé un bâton dans l'œil jusqu'au cerveau ! C'est lorsqu'il a glissé sur une pelouse boueuse, la tête la première dans un buisson, qu'une branche d'environ quinze centimètres s'est enfoncée dans son œil gauche. John Nash ne se serait rendu compte de rien et aurait donc continué sa course effrénée. C'est finalement le suspect lui-même qui lui a signalé l'urgence ! Bilan de sa première arrestation : trois heures d'opération chirurgicale, un œil transpercé, un cerveau atteint, mais un bon espoir de retrouver la vue. Quant au suspect arrêté, s'il espère être gracié pour avoir sauvé le policier, il se met le doigt dans l'œil !

Foot : le goal plonge... de soixante-seize mètres

Il y en a qui ont vraiment du pot. Un groupe de jeunes touristes allemands jouaient au foot lors de vacances en Californie... en haut d'une falaise culminant à cent vingt-deux mètres au-dessus du Pacifique. L'un d'entre eux, Jost Ben, entreprit de descendre en s'accrochant à la paroi pour récupérer le ballon, qui était tombé. Il finit évidemment par glisser : une chute de soixante-seize mètres. Miracle, ce jeune homme de 20 ans ne souffre finalement que de contusions et de diverses entailles. Un sacré plongeon, pour un gardien de but...

Un suicidaire sur la mauvaise voie

Malheureux comme les pierres, un Slovaque de 31 ans a tenté de mettre fin à ses jours sur une voie de chemin de fer italienne. Bien décidé à passer l'arme à gauche, Martin Rapos s'est allongé sur les rails à hauteur de Deiva Marina, en attendant le passage du train express de Gênes. Sentant l'engin approcher, le jeune homme ne s'est pas dégonflé : stoïque, il est resté parfaitement immobile. Mais au lieu de le délivrer de son odieuse existence, la faucheuse à grande vitesse s'est contentée de le frôler à toute allure, dans un vacarme assourdissant. Le suicidaire, qui pensait pourtant avoir tout planifié, s'était trompé de voie ! Alertée par le conducteur, la police l'a aussitôt emmené à l'hôpital où il est traité pour dépression. Un petit séjour qui devrait lui permettre de remettre sa vie... sur les rails.

Championne de chasse… à 100 ans !

Si vous allez en Russie, faites attention aux babouchkas armées : Maria Pokacheva, 100 ans, vient d'être sacrée meilleure chasseuse de la région de Kogalym pour avoir abattu soixante-cinq écureuils, lapins et autre petit gibier pendant l'année. Elle est talonnée par une autre mamie, Anna Vandymovu, 90 ans aux cerises. Du coup (de feu, bien sûr), les politiciens locaux les donnent en exemple à la jeunesse locale de cette province autonome. N'empêche : il ne fait pas bon se promener dans le coin quand on est à poils.

Vierge à 105 ans et fière de l'être !

Clara Meadmore aurait pu mourir bienheureuse si le *Daily Mirror* n'était venu l'interviewer le jour de ses 105 ans, à la maison de retraite de Perranporth, en Angleterre. Clara a en effet avoué qu'elle était toujours vierge. Stupeur ! Les médias veulent tous savoir pourquoi. Alors, Clara raconte : « Je n'ai jamais été intéressée par le sexe. J'ai imaginé que cela causait beaucoup de complications et j'ai toujours eu d'autres choses à faire… J'ai eu un tas de relations platoniques avec les hommes, mais jamais je n'ai eu besoin d'aller plus loin avec eux, de toute façon, à mon époque, une jeune fille ne pouvait avoir de relations sexuelles qu'avec son mari. » Elle ajoute : « J'ai su dès l'âge de 12 ans que je ne me marierais pas et je ne suis jamais revenue sur ma décision. » Née en 1903, Clara a passé son enfance en Égypte, au Canada et en

Nouvelle-Zélande avant de devenir secrétaire en Angleterre. Sa meilleure copine actuelle, Josie, 72 ans, dit de Clara qu'elle ne fait vraiment pas son âge et conclut d'un (peu) enviable : « Peut-être que de n'avoir jamais eu d'homme dans ses jupons l'a gardée jeune. » L'abstinence serait-elle la meilleure cure de jouvence ?

Il entre au CP... à 100 ans !

L'élève Sebastiao Oliveira, dans le Sud du Brésil, vient de réussir l'équivalent de son entrée en cours élémentaire. Autrement dit, il sait à peu près lire et écrire. Cette information serait des plus anodines si le « petit Sebastiao » n'avait pas... 101 ans ! Lassé de ne pouvoir lire les étiquettes dans les supermarchés, le vieillard a décidé de retourner sur les bancs de l'école. Les pédopsychiatres expliquent que plus un cerveau est jeune, plus l'apprentissage se fait rapidement. Le centenaire leur donne tort. Il a en effet assimilé les bases de la lecture et de l'écriture aussi vite que ses petits camarades de 6 ans. À ce rythme, il sera bachelier à 117 ans, licencié de littérature à 120 et pourra commencer à travailler à 125 ans. Cotisant quarante ans, il n'aura pas volé sa retraite... à 165 ans.

La tête dans la benne

Un Allemand de 39 ans n'a vraiment pas eu de chance la semaine dernière lorsque, voulant retrouver ses clés qu'il avait malencontreusement jetées en même temps que d'autres papiers, il s'est retrouvé la tête coincée dans une benne à ordures. Pour le sortir de cette fâcheuse posture, les pompiers n'eurent d'autre choix que de découper la benne non sans y avoir totalement expédié le malheureux homme... Qui n'aura pas fait tout cela pour rien, puisqu'il a tout de même retrouvé ses clés !

Crime, châtiment et transplantation

Cheryl Johnson, une Américaine de 37 ans, transplantée du rein d'un donneur mort d'un anévrisme au mois de mai 2007, raconte que sa personnalité a été complètement changée par ce don : elle qui ne lisait que des romans à l'eau de rose, dévore désormais Dostoïevski et Jane Austen. « Vous prenez, raconte Johnson, la personnalité de votre donneur. » Le cas n'est pas rare : une autre Américaine qui souffrait de vertiges est devenue alpiniste après sa transplantation, un avocat, qui détestait le chocolat, adore depuis son opération les barres chocolatées ; et une fillette de 7 ans s'est mise à avoir des cauchemars, après avoir reçu le cœur d'un enfant mort assassiné. C'est bien beau tout cela, mais ça n'explique pas cette passion soudaine pour Dostoïevski !

Le palmarès des lois américaines les plus loufoques

Chaque année, la presse américaine recense les textes législatifs les plus insolites. Cette année, on relève deux lois de l'État de Virginie, l'une qui interdit d'avoir un putois comme animal de compagnie, l'autre qui réprime le stationnement d'une automobile sur... une voie de chemin de fer. En Alaska, il ne faut pas jeter un élan vivant par la porte d'un avion, alors qu'en Caroline du Nord, il est prohibé de rouler à vélo sans les deux mains sur le guidon. En Californie, il est interdit de faire du vélo dans une piscine, tout comme tirer un coup de feu sur un animal depuis un véhicule en mouvement... à moins qu'il ne s'agisse d'une baleine. Dans l'Iowa, les baisers ne doivent pas durer plus de cinq minutes sous peine de poursuites, en Arizona, il est interdit de jouer aux cartes avec un Amérindien, alors qu'à Chicago, on ne peut pas pêcher en pyjama, et qu'à Baltimore, on n'a pas le droit d'aller au théâtre en compagnie d'un lion. À Tallahassee, en Floride, fort heureusement, il est parfaitement légal de faire l'amour à un porc-épic. Légal, mais pas indolore...

Il atterrit sur un golf parce que son fils était en retard

Un jour, à Chicago, des citoyens appellent le numéro d'urgence de la police pour signaler qu'un petit avion de tourisme tente d'atterrir sur le parcours de golf du *Lincolnshire Resort.* Quand les policiers arrivent sur place, ils trouvent le pilote, Robert Kadera, à côté de son Piper qu'il a posé sur le fairway du trou numéro 7. Avec lui, son fils de 14 ans, qui tient une raquette et des chaussures de tennis. Les policiers lui demandent ce qu'il se passe. « Mon fils est en retard pour sa leçon de tennis, explique tranquillement Kadera, et comme la circulation est épouvantable, le samedi, je me suis dit que je l'emmènerais en avion. » Il a reçu un courrier très peu aimable de l'Agence fédérale de l'aviation.

Chapitre II

La gourmandise

L'excès de boissons alcoolisées constitue le quotidien des dépêches parvenant dans notre service. Nos meilleurs « clients » sont des poivrots patentés. Et Dieu sait qu'ils nous en font voir ! Tour à tour poètes ou véritables ordures, ils demeurent une pierre angulaire des pages « Ils l'ont fait ». À eux se joignent les goinfres. Un régal... pour les affamés de rire.

« Une patte de souris dans vos cornichons ? Normal, madame »

Lenka Komparova, une ménagère slovène, avait été choquée de découvrir une patte de souris dans un bocal de cornichons qu'elle avait acheté. Elle a donc envoyé une lettre de protestation au ministère de la Santé... et a été encore plus choquée par la réponse. « Il est parfaitement normal qu'il y ait des souris dans les grandes usines agroalimentaires, lui a écrit Vivijan Potocnik. De temps en temps, elles se font happer par les machines et finissent, plus ou moins entières, dans le produit fini. Certes, ce n'est pas agréable à voir, mais il n'y a aucun risque sanitaire. En fait, on peut considérer une patte de souris comme un additif spécial. » Komparova, elle, n'est pas de cet avis : « Je ne sais pas ce qu'ils mangent, au ministère, mais moi, je pense que ce n'est pas normal de trouver des animaux morts dans des préparations alimentaires. » Sans doute ne doit-elle pas manger souvent des pâtés et des terrines...

Une soirée explosive

Bien décidé à se soûler, un habitant de Gross Godems, en Allemagne, empoigne une bouteille de ce qu'il pense être de l'alcool et s'envoie une grande rasade. Lorsqu'il comprend que ce qui lui brûle le gosier n'est pas son cher whisky mais de l'essence, l'homme de 56 ans recrache précipitamment le tout, avec une grimace de profond dégoût. Mais le combustible projeté atteint une cigarette allumée, et provoque un énorme incendie. Bilan : de graves brûlures pour l'imprudent et un appartement ravagé par les flammes. Nul doute que s'il existait le concours de l'accident domestique le plus stupide, cet Allemand le remporterait haut la main.

Ivrogne... et miraculé

Chacun sait que l'alcool lève les inhibitions. Mais à un degré élevé, il ôte aussi tout sens commun. Ainsi, un Croate de 35 ans qui sortait de chez des amis après une soirée bien arrosée décida de descendre les escaliers… en glissant sur la rampe depuis le cinquième étage ! « Je le faisais très bien quand j'étais gamin », indiquera-t-il plus tard. Mais un gamin sobre a beaucoup plus d'équilibre qu'un trentenaire complètement soûl. Ce qui devait arriver arriva donc et notre audacieux poivrot fit une chute de quinze mètres dans la cage d'escalier. Mais le plus extraordinaire est qu'il se releva avec pour toute blessure une dent cassée. Après ça, qui osera contester qu'il y a un dieu pour les ivrognes ?…

Boum, quand le beignet fait boum

Dans ses pages « cuisine », le grand journal chilien *La Tercera* a publié une recette de beignets particulièrement savoureux. De nombreuses ménagères s'étaient donc empressées de se mettre aux fourneaux en respectant scrupuleusement les proportions indiquées dans la recette de leur quotidien favori. Or une erreur de dosage s'était glissée dans la recette. Du coup, en suivant les indications, les cuisinières obtinrent à leur insu des beignets... explosifs ! Au contact de l'huile bouillante, le mélange eau, farine, levure et sucre produisait une détonation projetant le contenu brûlant de la casserole dans toute la cuisine. Au total, quatorze femmes ont été brûlées au visage, aux bras ou au thorax. Le tribunal de Santiago vient de condamner le journal à leur verser en tout l'équivalent de 160 000 euros de dommages et intérêts. Largement de quoi s'acheter des beignets tout prêts...

Sur le mont Sinaï, Moïse planait complètement

Selon le professeur Benny Shanon, un psychologue cognitif de l'université hébraïque de Jérusalem, le récit biblique de la remise des Dix Commandements à Moïse, au sommet du mont Sinaï, ne s'explique que par le fait que le prophète avait consommé des... plantes hallucinogènes ! « Cela fait vingt ans qu'existent des hypothèses qui lient la naissance des religions à l'usage de psychotropes, affirme Shanon. Je pense que la plante consommée par Moïse était soit de la rue sauvage, un hallucinogène dont les Bédouins du Sinaï se servent encore aujourd'hui, soit un extrait d'acacia. Moi-même, au cours de recherches dans l'Amazone, j'ai bu de l'ayahuasca, tirée de l'acacia, et l'expérience a été extraordinairement semblable aux visions de Moïse. Mais tout le monde qui consomme une plante comme ça ne revient pas avec la Torah, précise le professeur. Pour ça, il faut être Moïse. »

Payer ses courses avec de la marijuana est déconseillé

Après avoir fumé plusieurs joints de marijuana, un mécanicien automobile néo-zélandais, âgé de 28 ans, avait ressenti une grosse fringale. Il s'est donc rendu dans un magasin, a choisi deux sachets de chips et deux plaques de chocolat, et s'est présenté à la caisse... où il s'est rendu compte qu'il avait oublié son argent chez lui. « Est-ce que je peux vous payer en cannabis ? » a-t-il alors proposé au caissier. Le jeune homme n'a jamais eu la réponse à sa question : le client derrière lui dans la queue était... un policier. Comme quoi la fumette ne rend pas très perspicace.

Des ours affamés s'invitent... au restaurant

Il arrive souvent que les habitants de Sinaïa, en Roumanie, aperçoivent des ours dans les forêts environnantes, mais jamais en ville. Du moins, jusqu'à récemment, un soir, quand une femelle plantigrade pesant cent cinquante kilos, accompagnée de ses deux oursons, a fait irruption dans un restaurant. « Les clients ont pris peur et se sont enfuis, raconte Flaviu Lazar, qui dînait au restaurant. Les ours ont d'abord dévoré ce qu'ils ont trouvé dans la cuisine, puis sont venus finir les assiettes des convives. C'était comme dans le conte de fées *Boucle d'Or et les trois ours*, mais à l'envers. » Pas bêtes, les ours avaient déjà regagné la forêt quand la police et les services de la faune sont arrivés sur les lieux.

En cas de fringale, pensez aux insectes !

Des scientifiques viennent de proposer une solution insolite au problème de la faim dans le monde. Adieu veaux, vaches, cochons, bonjour chenilles, larves et autres coléoptères qui sont notre avenir alimentaire. Une équipe de chercheurs américains vient de démontrer que les insectes séchés étaient deux fois plus riches en protéines que la viande ou le poisson. Le quotidien *Daily Mail* voit dans ces petites bêtes une solution de substitution aux barres chocolatées. Pas sûr, néanmoins, que « Blatte et ça repart ! » fasse un tabac auprès des jeunes…

Plat du jour dans un hôpital : de la langue… humaine

Un médecin de l'hôpital municipal d'Izola, en Slovénie, se rend à la cantine et demande un risotto au poulet. Quand l'assiette arrive, le docteur remarque un bout de viande bizarre. « Vous êtes sûr que c'est du poulet ? » demande-il au serveur. « Mais bien sûr, docteur, qu'est-ce que vous croyez que ça peut être d'autre ? » répond le serveur. « Eh bien, on va voir, rétorque le médecin. Je l'emmène au labo. » Le lendemain, les tests révèlent qu'il s'agit d'un bout de... langue humaine ! La direction de l'hôpital se perd en conjectures quant à sa provenance, mais tient à rassurer le public : « Nous affirmons clairement que nous n'avons jamais utilisé d'organes de patients pour préparer nos plats. » Ouf !

La piquette était du grand cru !

L'actualité fournit, hélas, de nombreux exemples de trafics viticoles. De l'utilisation abusive des copeaux de bois aux fausses « appellations d'origine contrôlées », certains margoulins sont prêts à tout pour vendre leur piquette à prix d'or. Mais en Alsace, un jeune homme de 19 ans a fait exactement l'inverse, à savoir faire passer des grands crus à 199 euros la bouteille pour de vulgaires vins de table. La technique était assez simple. La veille du jour de son forfait, il s'était rendu dans une grande surface avec un complice. Là, le duo avait décollé des étiquettes de vin ordinaire. Le lendemain, le fraudeur avait recollé ces étiquettes sur des bouteilles de prestige, avant de passer à la caisse. La caissière faisant passer les bouteilles devant le lecteur de code-barres, le prix indiqué était celui des bouteilles de gros rouge ! Heureusement, des surveillants avaient repéré le manège. Les deux complices devront répondre de leur acte devant le tribunal. Le préjudice est estimé à 2 500 euros. De quoi dégriser vite...

La première gorgée de bière... et les suivantes

Faire rire une salle entière n'est pas donné à tout le monde. Daniel Gay, un Québécois de 48 ans, a parfaitement relevé le défi... à ses dépens ! Il a déclenché l'hilarité de l'auditoire, lors de son procès, en tentant une défense pour le moins audacieuse. Contrôlé positif au volant à l'occasion d'un alcootest alors qu'il était sous le coup d'une interdiction de boire, l'homme a expliqué le plus sérieusement du monde qu'il avait été obligé d'ingurgiter « quelques gorgées de bière » pour ne pas s'étouffer... avec du fromage ! Un réflexe de survie, quoi ! L'ennui, c'est que le test a révélé un taux d'alcoolémie qui équivaut quand même à une consommation de quelques canettes. Le plaidoyer larmoyant n'a visiblement pas ému le juge : le faux miraculé a été condamné à sept jours de prison. Une sentence qui devrait lui rester en travers de la gorge...

Elle n'entend pas siffler le train…

L'expression « Il y a un dieu pour les ivrognes » a trouvé une illustration parfaite en Biélorussie. Une jeune femme venait de fêter son trente-deuxième anniversaire avec des amis. Durant la soirée, la vodka avait coulé à flots et c'est fin soûle que la jeune femme quitta ses compagnons. Elle eut la lucidité de ne pas prendre sa voiture. Après tout, elle habitait à quelques centaines de mètres et pouvait bien rentrer à pied. Le problème est qu'en chemin, elle se trouva si épuisée qu'elle se laissa tomber sur ce qu'elle pensait être une contre-allée, afin de faire un somme. En réalité, elle se trouvait… entre les rails d'une ligne de chemin de fer ! Le conducteur du premier train du matin eut beau faire hurler sa sirène, elle ne se réveilla pas. Impossible également de stopper la machine sur une distance si courte. Le conducteur, en descendant de sa loco, était persuadé de trouver un cadavre déchiqueté. Or il n'en fut rien. Inconsciente, la fêtarde n'avait pas bougé et le train lui était passé dessus sans la toucher. « Si elle avait relevé la tête, ne serait-ce que de quelques centimètres, elle aurait été décapitée », affirment les médecins. Sa cuite lui donna tout de même une jolie migraine…

Ivresse : le pilote de char charrie

Un grand froid régnant sur l'Oural a encouragé un équipage de char d'assaut à se réchauffer avec de la vodka. Au bout de quelques heures, l'équipage manqua de « munitions » alors qu'il y avait encore un bon bout de chemin avant d'atteindre la caserne. Le pilote décida donc de faire une halte devant la supérette d'un village. Les trois militaires, déjà bien éméchés, sortirent du véhicule en oubliant juste... de serrer le frein à main ! La rue était en pente, une maison se trouvait en bas, vous devinez la suite. Le propriétaire de la maison témoigne avoir vu le blindé rouler droit sur le mur de son salon, trois soldats hilares courant derrière avec des bouteilles à la main. L'armée s'est engagée à réparer à ses frais le mur, tout en indiquant que l'équipage avait « agi en toute bonne foi pour rattraper l'engin ». Et s'ils avaient été de mauvaise foi, ils auraient tiré, en plus ?

Du mousseux au... robinet

En mémoire d'un miracle médiéval, la fête annuelle de la petite ville de Marino, en Italie, est marquée par une sympathique tradition : ce n'est plus de l'eau qui coule à la fontaine de la Grande Place, mais du vin blanc mousseux, issu des vignobles environnants. Cette année, cependant, les autorités civiles et religieuses locales, rassemblées autour de la fontaine le verre à la main, ont eu une épouvantable surprise : la fontaine débitait toujours de l'eau pure. « Nous nous regardions tous, catastrophés, raconte le maire, Adriano Palozzi, quand une femme, qui lavait la cuisine de son appartement donnant sur la Grande Place, a crié “Miracolo ! Miracolo !” : du vin coulait de son robinet. » Explication : les ouvriers chargés du branchement s'étaient trompés entre l'alimentation de la fontaine et le réseau municipal. Bien sûr, pendant quelques heures, les habitants de Marino en ont profité pour remplir tous leurs récipients vides. La dame se trompait : le miracle n'était qu'une erreur humaine. Mais n'est-ce pas toujours le cas ?

Trop d'eau, ce n'est pas bon du tout...

Une patiente britannique vient d'obtenir 800 000 livres (999 000 euros) de dommages et intérêts après avoir suivi une cure d'amaigrissement chez une nutritionniste. Le régime prescrit – sans sel et à base de cinq pintes d'eau par jour (près de trois litres) – a engendré des dégâts irréversibles chez Mme Page, 52 ans, qui, depuis 2001, subit de sévères crises d'épilepsie, des pertes de mémoire, des difficultés d'élocution et de concentration. Ce régime à base d'eau et de déficit en sodium a entraîné une baisse du sel dans le sang, et une augmentation de la pression à l'intérieur du crâne. Vite, un scotch !

Mon anniversaire avec les hooligans

C'est l'histoire d'une Anglaise de 16 ans, Jodie, qui veut fêter son anniversaire de façon marquante. Pour cela, elle loue à prix d'or une villa à Marbella et passe une annonce avec la date et le lieu de sa fête sur les sites Internet de Facebook et Bedo. « Il y aura beaucoup d'alcool et de musique », disait Jodie qui voulait un grand nombre de gens pour fêter ses 16 ans. Elle sera comblée : plus de quatre cents jeunes de la Costa del Sol vont envahir la maison façon hooligans et tout casser, jeter les télés et les meubles dans la piscine, arracher les portes de la maison, détruire les tapis, voler plus de 6 000 livres de bijoux et de vêtements : la fête de l'année tourne rapidement au cauchemar et il faudra deux cars de policiers pour déloger ces malfrats. Les parents attendent la note ; elle risque d'être salée.

But du restaurant : vous rendre obèse !

Voilà un menu qui en bouche un coin. Un restaurant londonien propose en effet à ses clients des repas à six mille calories ! Les gens au régime s'abstiendront de venir y déjeuner, ceci représentant environ trois fois l'apport énergétique quotidien nécessaire à une femme adulte. Cette formule pour le moins roborative correspond aux repas pris en une journée par les membres de l'expédition de Sir Ernest Shackleton, qui échoua, il y a un siècle, dans la conquête du pôle Sud… à cause des rations alimentaires insuffisantes ! C'est pour saluer le départ d'une nouvelle expédition, ayant pour but de réussir là où l'illustre explorateur avait échoué, que la propriétaire de ce restaurant, le *Green Door*, a eu l'idée d'un tel menu. 10 livres (12,60 euros) seront reversées à la fondation Shackleton, sur un menu coûtant 75 livres (94,77 euros). À défaut d'affronter le pôle Sud, les clients de ce restaurant pourront toujours se lancer dans le sumo…

Un mafioso trop gros pour le cachot

Salvatore Ferranti peut se réjouir d'être tombé dans la marmite de risotto quand il était petit. Grâce à ses deux cent dix kilos, en effet, il vient de quitter la prison dans laquelle il était placé en détention provisoire depuis huit mois. Le tribunal de Palerme a accepté qu'il soit assigné à résidence car il était trop à l'étroit dans sa cellule. D'après les juges, « la dignité humaine » du détenu de 36 ans, suspecté d'être l'un des poids lourds de la Mafia, n'était pas assurée. Transféré quatre fois, il était contraint d'être assisté jour et nuit par des surveillants pour accomplir les tâches du quotidien. Moralité, les taulards ont parfois intérêt à faire du lard !

Il perd du poids en ne mangeant que… des haricots

Quand les docteurs lui ont dit que s'il ne perdait pas du poids et ne changeait pas son alimentation, il mourrait d'un cancer de l'intestin, comme sa mère, Neil King, un mécanicien anglais de 40 ans, a décidé de prendre le taureau par les cornes. « Avant, je m'empiffrais six fois par jour, raconte-t-il. Mais en dix mois de nouveau régime alimentaire, j'ai perdu soixante-cinq kilos et ma femme me trouve transformé. » Son secret : ne manger « que » six boîtes par jour de... *baked beans*, des haricots à la sauce tomate. « Bien que j'en aie consommé plus de mille cinq cents boîtes, je ne pète presque pas, du moins pas depuis que j'ai arrêté de mettre les haricots sur du pain. Mais à chaque fois que je raconte à quelqu'un comment j'ai perdu tous ces kilos, il a peur de craquer une allumette à proximité. »

Ils se saignent pour faire du... boudin

Voici une histoire qui va vous glacer le sang : deux sous-officiers de la Luftwaffe, l'armée de l'air allemande, vont passer en cour martiale pour avoir fabriqué du *blütwurst*, le boudin traditionnel allemand, avec... leur propre sang. Les deux hommes, identifiés par la justice sous leurs initiales, B. et G., s'étaient dit qu'ils pouvaient compléter leur solde par la vente de boudin réalisé selon la recette de la grand-mère de l'un d'entre eux. Ils ont donc mélangé leur sang, siphonné grâce à une seringue, avec des oignons, du lard, des épices et de la chapelure. Le résultat étant « délicieux », selon eux, ils ont décidé de passer à la phase industrielle en sollicitant des dons de sang de leurs camarades aviateurs. Le « pot au sang » a été découvert lorsqu'un des militaires pressentis a demandé à sa hiérarchie si le règlement l'autorisait à donner du sang pour faire des saucisses. Pour leur défense, les deux sous-officiers ont expliqué qu'ils étaient « passionnés de cuisine ». Ça s'appelle avoir la gastronomie dans le sang...

Le premier livre de cuisine sur les valseuses

Ljubomir Erovik, un chef cuisinier serbe, vient de faire paraître le premier livre au monde sur « comment cuisiner les testicules » ! Avec des oignons, du poivre, du bacon et du fromage pour composer une pizza, comme en Italie mais à la mode serbe ; avec un excellent vin pour faire passer un « testicule bourguignon » ; bref, plus de quarante-cinq recettes sont données dans le livre. Erovik conseille vigoureusement les roustons de taureau, de cheval et... d'huîtres : ce sont les meilleurs lorsqu'ils sont pelés (courage pour ceux des huîtres !). « Tous les testicules peuvent être mangés, continue le maître-queux, sauf ceux des hommes, bien sûr. » On en connaît qui ont eu peur !…

Cuisiner au lait cru maternel, qui l'eût cru ?

Après avoir redécouvert le goût du lait maternel suite à la naissance de sa fille, un restaurateur suisse a décidé d'en inclure dans ses plats. Pour cela, il a engagé des « donneuses », rémunérées 6 francs suisses pour quatre cents grammes de lait. Mais les humains n'étant pas considérés comme des donneurs au même titre que les vaches et les chèvres, nul ne sait si la législation suisse autorisera ce projet culinaire pour le moins original (et totalement dégoûtant, avouons-le). À quand un label « lait cru maternel », tant qu'on y est…

En Tanzanie, c'est la saison de la chasse à… l'albinos

À travers l'Afrique noire, les albinos – les personnes victimes d'une anomalie génétique qui empêche la pigmentation de la peau – sont l'objet d'un ostracisme social. Mais en Tanzanie, on les tue. Au moins dix-neuf d'entre eux ont été tués récemment. En cause, la magie noire. « Les gens croient que les albinos ont des pouvoirs magiques, explique un responsable de la police, les sorciers sont donc prêts à payer très cher pour des os, de la peau et des cheveux d'albinos, afin de préparer leurs potions magiques. » Ainsi, on a retrouvé le cadavre d'une femme albinos, dont on avait prélevé les yeux, la langue et les seins. La situation est si préoccupante que des policiers escortent désormais les enfants albinos à l'école, pour éviter qu'il ne leur arrive malheur.

Carton rouge pour un athlète russe

Mais où est donc passée la légendaire rigueur des Russes en matière de compétitions sportives ? Lors d'un meeting d'athlétisme à Lausanne, le Russe Ivan Ukhov s'est présenté à l'épreuve de saut en hauteur... complètement ivre ! Champion d'Europe junior dans cette discipline en 2005, il n'a pas franchi une seule fois la barre, après trois essais. Si le jeune homme espérait que l'alcool lui donnerait des ailes, c'est raté... Le sportif, titubant et hagard, a reconnu avoir consommé de la vodka pendant la compétition. Le président de l'événement a aussitôt banni à jamais l'alcoolique. Peu importe la médaille, pourvu qu'on ait l'ivresse...

Échange appartement contre cirrhose

En Grèce, l'habitué d'un bar s'était vu refuser par le patron l'entrée de son lieu de prédilection sous prétexte d'une dette de 900 euros contractée suite à moult bitures. Or, ce jour-là, le client alcoolique avait absolument besoin de boire. N'y tenant plus, il proposa un marché au patron. Il lui vendait son appartement en viager pour seulement 6 500 euros en échange de l'annulation de sa dette et de la promesse de consommations gratuites et à volonté jusqu'à sa mort. Une lueur brilla dans les yeux du patron qui accepta le marché. Non seulement le client eut droit à ses consommations, mais le patron insistait à chaque fois pour qu'il « remette ça ». Résultat, le malheureux mourut au bout de quatre ans. Apprenant le marché, le frère du poivrot porta plainte et obtint gain de cause, le tribunal jugeant « contraire aux bonnes mœurs » cet accord. Quand on songe à tous ces litres d'ouzo versés pour rien…

Il vend sa fille pour de la bière

Un Américain qui avait vendu sa fille de 14 ans a eu le culot d'aller se plaindre à la police de Greenfield, en Californie, sous prétexte que « l'acheteur » ne lui avait pas payé sa dette. Marcelino de Jesus Martinez est un père de famille de 36 ans, qui avait cédé sa fillette en échange de cent caisses de bière, 12 000 euros et de la viande. La police, ravie qu'un tel olibrius vienne ainsi se jeter dans la gueule du loup, l'a arrêté pour « trafic d'humain », de même que « l'acheteur » de 18 ans, Margarito de Jesus Galindo, pour viol. Pour sa défense, le père affirme que sa fille était consentante. Il n'a décidément pas froid aux yeux…

Des chips goût… écureuil !

Les fabricants de chips ne savent vraiment plus quoi inventer pour satisfaire les papilles de leurs clients. Au point que la grande marque anglaise Walkers a organisé un concours intitulé *Do us a flavour* (« Faites-nous une saveur »). Six candidats présélectionnés ont été remerciés avec un chèque de 10 000 livres (11 000 euros). Le vainqueur recevra 50 000 livres supplémentaires, ainsi que 1 % du produit de la vente de sa création. Le jury a craqué pour les parfums « chili-chocolat », « bhajis aux oignons » (inspiré d'un plat indien populaire au Royaume-Uni), « canard croustillant à la sauce hoisin » à partir d'une spécialité chinoise, « fish and chips », plat traditionnel britannique, ou « petit-déjeuner de l'ouvrier en bâtiment », qui associe bacon, œuf, saucisse et haricot blanc. La seule suggestion pour l'instant commercialisée est celle de Martyn Wright, un vendeur de 26 ans résidant dans l'Ouest de l'Angleterre, qui a inventé la saveur « écureuil cajun ». Gageons que l'accompagnement idéal sera la noisette…

Un gâteux poignardé pour une part de gâteau

On ne savait pas à quel point les restaurants avec un « buffet à volonté » pouvaient être dangereux. À Novate Milanese, en Italie, Niccolo Bruno, un retraité de 70 ans, avait réussi à s'emparer de la dernière part d'un gâteau que convoitait également Alfredo Mancini, 62 ans. Fou de rage de s'être fait devancer, Mancini a carrément poignardé Bruno, avant de prendre la fuite. Comme il ne marche qu'à l'aide d'une canne, deux policiers qui passaient sur le trottoir n'ont eu aucun mal à l'arrêter. Les jours de Bruno ne sont pas en danger, mais il paraît qu'il ne supporte plus qu'on lui parle de pâtisseries…

Poignardé à l'insu de son plein gré

On imagine la stupéfaction horrifiée d'Alina Lyaline, une ménagère de Vologda, en Russie, quand son mari, Youri, s'est penché pour prendre le lait du petit-déjeuner dans le frigo : un grand poignard était planté dans son dos ! Aussitôt emmené à l'hôpital, où les médecins ont constaté qu'aucun organe vital n'avait été atteint, Lyaline a expliqué à la police qu'il avait beaucoup bu la veille, et qu'il s'était « peut-être disputé » avec son compagnon de beuverie. « On s'est soûlés ensemble, a-t-il dit. Ce genre de choses arrive quand on a bu. » Son « ami » a néanmoins été interpellé et encourt huit ans de prison. Lyaline, apparemment, ne dort pas sur le dos… en tout cas quand il est soûl.

Des contrôles d'alcoolémie effectués par un flic... bourré

N'étant pas de service ce soir-là, le *Senior Constable* Adam Reedy, un policier de Cunnamulla, en Australie, admet avoir bu « au moins » dix-huit pintes de bière au bar d'un hôtel. Soudain, sa radio crachote : il faut que Reedy vienne donner un coup de main à ses collègues, chargés de contrôler l'alcoolémie des automobilistes. Ils sont débordés. Reedy accomplit la mission, puis retourne au bar et écluse encore deux bières, avant de se disputer avec une cliente. Il tente de lui passer les menottes, mais la gaillarde lui expédie un uppercut du droit qui l'envoie au tapis. La police du Queensland précise : « Aucune plainte n'a été formulée contre l'officier Reedy. D'ailleurs, il vient de recevoir une promotion. » Normal, en matière d'alcoolémie, il est imbattable...

Le responsable de la police anti-ébriété arrêté... ivre

Tel est pris qui croyait prendre. Un haut responsable de la police de Tokyo chargé de la lutte contre l'alcool au volant a été arrêté pour conduite en état d'ivresse. Il sortait d'un camping quand il a été contrôlé, après avoir heurté une autre voiture et quitté la route. Inutile de le faire souffler dans le ballon, « il sentait l'alcool et n'arrivait pas à marcher droit », a déclaré un policier de la ville d'Ibaraki. Le pauvre bougre ! Il risque d'être « saké » par sa hiérarchie...

Quand le pilote abuse du « sky »

On ne le répète jamais assez : Boire ou conduire, il faut choisir ! Cela vaut pour les voitures comme pour les avions ! Le pilote d'un Boeing 777 qui devait relier Londres à Bombay, en Inde, lui, n'a pas choisi. Les faits se sont produits à l'aéroport international d'Heathrow. Le pilote Michael Harr aurait consommé trop d'alcool durant la soirée de Noël. Le 25 décembre au soir, des policiers armés ont fait irruption dans le cockpit de son avion juste avant le décollage, et l'ont arrêté après un test d'alcoolémie franchement positif. Le pilote en question est un Américain de 62 ans, ancien de l'US Army. Cette situation peu rassurante n'est pas une première à l'aéroport londonien : deux autres pilotes américains ont déjà été arrêtés avant leur décollage pour un taux excessif d'alcool dans le sang. Sentence pour le pilote : interdiction de voler jusqu'à nouvel ordre, mais pas de planer…

Pour affiner le fromage, rien ne vaut les chants grégoriens

Il existe à Graz-Altgrottenhof, en Autriche, une école qui enseigne aux agriculteurs l'art de fabriquer le fromage local, le fort réputé Grottenhofer Auslese. Le directeur, Erich Kerngast, a eu une idée pour parfaire la maturation des deux tonnes et demie de fromage dans ses caves : passer en boucle un CD de… chants grégoriens. « Le fromage mûrit grâce à des micro-organismes qui sont très sensibles aux vibrations, affirme Kerngast. Nous avons installé une sono haut de gamme, et diffusons les chants des moines vingt-quatre heures sur vingt-quatre. » Il faut croire que ça marche, puisque cette « maturation en musique » a permis à l'école de remporter plusieurs grands prix lors de dégustations.

Sauvé par le whisky

Un Anglais prétend avoir survécu deux jours et demi coincé sous son canapé, grâce à une bouteille de whisky. C'est pendant une coupure de courant que John Galliott aurait trébuché sur le fil du téléphone, et atterri sur son canapé qui lui serait alors tombé dessus. D'après lui, il ne doit sa survie qu'à une bouteille de whisky, qui l'a aidé à tenir sans eau ni nourriture au cours des soixante heures de sa « captivité ». C'est finalement un voisin, étonné de constater que les rideaux de M. Galliott restaient baissés, qui est venu le libérer. Le prisonnier avait sifflé toute la bouteille d'alcool, et a prétendu qu'elle se trouvait avec lui parce qu'il l'avait malencontreusement entraînée dans sa chute. On se demande toutefois si avec des explications aussi rocambolesques, Galliott n'avait pas bu la bouteille… avant sa chute.

Chapitre III

La luxure

L'idée d'organiser les pages « Ils l'ont fait » en fonction d'une thématique est récente. Nous devons cette innovation à Laurent Neumann, directeur de la rédaction, qui s'occupe parfois directement de la relecture de nos histoires (et qui n'est pas le dernier à trouver un titre potache ou une chute salée...). Nous le confessons : la « page cul » est devenue une institution. Et nous n'avons pas à nous forcer pour dégoter chaque semaine une pleine page de gaudriole ! Des plus cocasses aux plus sordides, les histoires de sexe ne cessent, au fil des ans, de nous étonner. Voyez plutôt ce florilège...

Un moine bouddhiste pratique trop l'amour de soi

Chen Poh-ming, un moine bouddhiste âgé de 42 ans, ne comprend sans doute pas l'expression latine *Errare humanum est, perseverare diabolicum*. En effet, les policiers de Puli, à Taïwan, ont fait preuve de clémence après l'avoir arrêté, suite à la plainte d'une guide de musée sous les yeux de laquelle il s'était joyeusement et publiquement masturbé, le relâchant avec une simple admonestation. En revanche, quelques heures plus tard, leurs collègues du comté de Nantou ont fait condamner Chen à trois mois de prison ferme... pour s'être « autocongratulé » devant une passagère dans l'autocar qui le ramenait à son monastère. Vu son ardeur, on plaint par avance ses compagnons de cellule...

Un conducteur triplement immoral

La loi interdit au volant toutes pratiques susceptibles de distraire la conduite, telles que passer un coup de téléphone, manger, fumer ou boire. Mais le record des risques de distractions au volant est détenu par un Australien. Arrêté pour excès de vitesse, il a été condamné à deux mois de prison, 2 000 dollars d'amende et une interdiction de conduire de six mois. Il faut dire qu'il cumulait. Comme si l'excès de vitesse ne suffisait pas, la police a également trouvé dans son véhicule un fusil de calibre 22 long rifle chargé, cinq kilos de marijuana et deux plants de cannabis. Outre l'arme et la drogue, les policiers ont mis la main sur une caméra avec laquelle... il se filmait en train de se masturber à cent cinquante kilomètres-heure ! Et à deux cents, il faisait quoi ?

Après le Téléthon, voici le... « Masturbathon »

Copenhague, la capitale danoise, sera la troisième ville au monde, après San Francisco et Londres, à organiser un « Masturbathon », où des volontaires se livreront au plaisir solitaire... en groupe. Il y aura trois compartiments : un pour les hommes, un réservé aux femmes, et un mixte. L'événement est destiné, selon son organisatrice, la sexologue Pia Struck Madsen, à montrer que « la masturbation, comme substitut érotique, est positive, sûre et agréable ». Nous encourageons tous ceux qui partagent ce point de vue à venir donner un petit coup de main.

Pour éviter le cancer, masturbez-vous !

Loin de rendre sourd, la masturbation diminuerait chez l'homme les risques de cancer de la prostate. Une étude réalisée par les chercheurs du Centre d'épidémiologie du cancer de Melbourne, en Australie, démontre en effet que les mâles ayant régulièrement et fréquemment éjaculé entre 20 et 50 ans sont moins exposés. Mieux, ceux qui jouiraient au moins cinq fois par semaine diviseraient par trois leurs risques de développer cette maladie. D'après le Dr Giles, l'un des spécialistes de l'équipe australienne, l'acte permettrait d'expulser les substances cancérigènes s'accumulant dans l'organisme. La santé, en somme, est à portée de main...

Orgasme sur rails

Fumer une cigarette ou partager un café entre collègues, à chacun sa méthode pour évacuer le stress au travail. La conductrice du train reliant les villes de Zwolle et de Leeuwarden, aux Pays-Bas, a préféré s'isoler quelques instants dans sa cabine pour s'adonner au plaisir solitaire. L'ennui, c'est qu'elle avait omis de couper le micro lui permettant de faire des annonces, offrant ainsi aux passagers quelques minutes de divertissement sonore… Une annonce digne de la bande-son d'un film porno, qui a franchement amusé bon nombre de passagers mais qui a nettement moins amusé la compagnie de chemin de fer. Elle a été mise à pied… pour l'avoir pris.

La police traque le « sergent Éros »

Le fantasme de l'uniforme fait toujours recette, notamment celui du policier. Cependant, ce petit jeu n'est pas du goût de tout le monde. À Aberdeen, en Écosse, Stuart Kennedy a déjà été arrêté vingt-deux fois par la police et a passé cent vingt-trois heures en garde à vue pour s'être transformé la nuit en « sergent Éros » dans des clubs de striptease. À chacune de ses arrestations, il doit répondre de plusieurs accusations, telles que « possession d'arme offensive » pour la fausse matraque ou encore l'utilisation d'un gyrophare. Alors que le Royaume-Uni est entré officiellement en récession, la presse britannique s'insurge en voyant l'argent du contribuable gaspillé par cette police chatouilleuse. Il faut dire que le coût des arrestations et des heures de garde à vue s'élève à 180 000 euros, selon le quotidien *The Independent*. Le stripteaseur gay voudrait bien continuer à s'effeuiller sous les *spotlights*, mais la police entend poursuivre l'enquête sur ce « comportement criminel », et ce dans « l'intérêt de la communauté ». En attendant, le sergent Éros est devenu une véritable star dans le pays et il gagne désormais largement de quoi payer toutes ses amendes…

Il quittait l'uniforme pour devenir la belle Dominique

Pour tromper sa solitude, un Strasbourgeois de 81 ans se met en tête de trouver une dame de compagnie. L'homme passe alors une annonce dans la presse locale. Très vite, il reçoit la réponse d'une certaine Dominique qui se dit veuve elle aussi. Leur première rencontre est un succès. Le courant passe et les deux âmes esseulées se revoient très régulièrement. Mais intrigué par le comportement de la belle, l'octogénaire engage un détective. Et là, surprise ! La filature révèle que la fameuse Dominique est en fait un homme, policier de surcroît, qui se déguise avant chaque rendez-vous. Le travesti de 37 ans a été arrêté et suspendu de ses fonctions. Une information judiciaire pour « abus de faiblesse » a été ouverte. La folle risque bien de se retrouver en cage...

Et j'entends siffler le train... porte-jarretelles !

Ce père de famille semblait bien sous tous rapports. Mais il faut se méfier de l'eau qui dort, car ce quadragénaire britannique se livrait en réalité à ses heures perdues à de peu louables loisirs : il s'exhibait en public en culotte et porte-jarretelles ! Son lieu de prédilection ? Le long des voies ferrées, où il attendait le passage des trains, en tenue légère, affublé en sus d'une perruque blonde. Parfois, le coquin optait même pour la guêpière-talons aiguilles. Sa femme a peut-être enfin compris où passait sa lingerie perdue... M. Lamb aurait reconnu s'être ainsi exposé à plus de cinquante reprises, sur le chemin de l'école, avant d'aller chercher ses enfants. Il a précisé porter également des sous-vêtements féminins au travail, car le travestissement l'aiderait à « se détendre durant la journée ». L'homme n'a pas été inculpé, mais il est prié de présenter ses excuses pour son comportement inacceptable. En gros, le tribunal l'a envoyé se rhabiller !

Un pilote de ligne se perd dans les bois… tout nu

Les policiers de Lower Swatara, en Pennsylvanie, en rigolent encore. Vers 21 heures, le chef des pompiers municipaux entend des bruits derrière sa maison, sort, et trouve Adrianna Connor, une hôtesse de l'air de 24 ans, qui fouille dans sa voiture. Elle explique qu'elle cherchait une lampe de poche, pour retrouver un ami pilote, Jeff Bradford, « qui s'est perdu dans les bois ». La police, prévenue, lance les recherches. Rapidement, on retrouve les vêtements de Bradford dans les fourrés, mais pas de trace du pilote. Un hélicoptère muni de capteurs de chaleur se joint à la dizaine de policiers qui fouillent les bois. Finalement, vers minuit, une femme appelle la police pour signaler qu'un homme nu vient de lui demander de lui prêter un slip. Peu après, on retrouve Bradford, caché derrière une cabane de jardin, « vêtu seulement de sa montre et d'une paire de tongs », précise le rapport de police. « Ils nous ont expliqué qu'ils voulaient faire l'amour dans les bois, a raconté le sergent Richard Brandt. Je leur ai dit qu'ils auraient mieux fait de se trouver un motel. » Oui mais c'est moins rigolo.

Une « chauffarde » mise à nu

Les témoins d'un carambolage survenu à Sandy City, dans l'Utah, sont unanimes : c'est un miracle qu'il n'y ait pas eu de blessés. Une voiture a en effet percuté à pleine vitesse un autre véhicule auquel elle venait de refuser la priorité. Accourus sur les lieux de l'accident, les badauds pensaient voir sortir de la voiture fautive un chauffard ivre. Il n'en fut rien. Le plus naturellement du monde, une femme totalement nue parvint à s'extraire de ce qui restait de son automobile. Après avoir contemplé l'ampleur des dégâts, elle entra dans une rage folle contre le malheureux conducteur de l'autre voiture. Après plusieurs heures de garde à vue, les policiers ont estimé que la « chauffarde » nudiste souffrait certainement de problèmes mentaux. Fins limiers, ces flics de l'Utah…

Les ouvriers la sifflent, elle se déshabille

Une jeune et jolie touriste israélienne allait retirer de l'argent à un distributeur automatique de Kerikeri, une petite ville de Nouvelle-Zélande, quand les ouvriers d'un chantier voisin se sont mis à exprimer leur appréciation de sa silhouette en sifflant admirativement. Exaspérée, elle a alors… retiré tous ses vêtements avant de retirer l'argent, puis s'est rhabillée, avant de partir. « Elle nous a dit qu'elle en avait assez de se faire draguer, a raconté le sergent de police Peter Masters. Alors, elle s'est dit "Ils veulent voir ? Ils vont voir !" Nous lui avons expliqué que ce genre de comportement était déplacé en Nouvelle-Zélande, et elle a promis de ne pas recommencer. » Quel dommage !

Tout nu dans les douves du palais impérial de Tokyo !

N'y aurait-il pas assez de plages au Japon ? Un homme, qui désirait visiblement faire trempette, a en effet été arrêté par la police de Tokyo, car il se baignait… dans les douves du palais impérial ! Ce Britannique de 40 ans avait plongé dans les fossés de la forteresse de ce site sécurisé de la capitale japonaise. Ayant attiré une foule de curieux, il a jeté des pierres et de l'eau sur les forces de l'ordre qui le poursuivaient en barque pour l'appréhender ! Les agents ont fini par mettre la main sur l'hurluberlu qui, nu comme un ver, tentait d'escalader les rochers entourant les douves. Ces images ont été retransmises à la télévision publique NHK, qui a pris soin lors de leur diffusion de les « flouter » afin de respecter les consignes sur la nudité. Au pays du Soleil Levant, pas question d'apercevoir la lune…

Quand la prof commence un striptease

Qu'est-ce qui a pris à la jeune prof d'allemand du lycée de Zalaegerszeg, en Hongrie, de faire un striptease devant une classe d'ados dont la moyenne d'âge atteint à peine une quinzaine d'années ? Nous ne le savons pas. Mais la prof a, tout à coup, enlevé son pull et son soutien-gorge avant qu'une de ses collègues remarque qu'il se passait une drôle de chose dans la classe à côté de la sienne et ne recouvre d'une nappe le corps dénudé de la professeur qui commençait déjà à dégrafer sa jupe. Ce fantasme de lycéen a été enregistré par quelques élèves sur leurs portables. Les parents, eux, sont sidérés. « C'est dégoûtant, raconte une mère, quel genre de professeur peut oser faire une telle chose devant des élèves. Elle aurait dû travailler dans un cabaret, pas dans une école. » Le directeur du lycée, lui, a refusé de mettre à pied la jeune femme : « J'ai été obligé, a-t-il dit, de lui mettre un blâme, mais je ne m'en sépare pas parce que c'est un bon professeur d'allemand et que, de toute façon, elle n'a pas montré plus de chair que ce que l'on voit sur une plage en été. » La prof a eu chaud. Ses élèves aussi...

Le coup de pompe de la stripteaseuse

C'est certain, ce n'est pas dans un club de striptease que l'on trouve chaussure à son pied. Dans l'Ohio, aux États-Unis, un homme a même été victime d'une attaque à la chaussure. Yusuf Evans regardait tranquillement un spectacle de striptease lorsqu'il s'est pris la chaussure compensée de la danseuse en pleine figure ! À croire sa version des faits, il aurait beaucoup souffert de l'accident. Le coup « très violent » lui aurait fait perdre connaissance quelques minutes. Le nez bouché, il demande maintenant 19 000 euros au club à titre de dommages et intérêts pour projection de chaussure. Cela risque de donner des idées à George Bush.

Ma maison n'est pas un bordel

Ben et Wendy, un couple de quadragénaires, filaient le parfait amour dans leur nid douillet londonien. Mais le jour où ils ont eu le malheur de peindre leur porte d'entrée en vert, tout a basculé ! Le soir même, ils étaient réveillés au beau milieu de la nuit par un homme passablement éméché, au sourire niais et au regard lubrique. Ben, instructeur de karaté, n'a pas eu grand-peine à l'éconduire, mais les jours suivants, le même scénario s'est répété.

Pendant plusieurs mois, le couple a été dérangé par des énergumènes peu recommandables. Mais tout est devenu limpide lorsque, bouffis de fatigue, ils ont découvert dans la presse locale l'existence dans leur rue d'une maison close appelée *The Green Door* – en anglais, « La Porte verte » ! Soulagement ! Ces troubles nocturnes étaient simplement dus à la méprise de clients novices ou trop soûls pour frapper à la bonne porte. L'entrée sera repeinte en bleu ! Bonne nuit !

« Monsieur Morale » va au bordel !

Panique à Aguascalientes, au Mexique. Marcos Tachiquin, le leader local du PAN, le parti de la droite catholique, avait disparu. Les autorités le cherchèrent toute la nuit en vain. Le lendemain, le politicien réapparut et affirma qu'il avait été enlevé par six hommes armés qui lui avaient volé son argent ainsi que son téléphone portable. Il accusait le maire (son principal rival politique) de ne pas savoir organiser sa police. L'édile était sur le point de

présenter des excuses publiques pour ce fâcheux incident lorsque plusieurs témoins lui indiquèrent que la nuit de « l'enlèvement », ils avaient vu Tachiquin au *Gold Palace*, un bordel réputé de la région ! Forcé d'avouer, celui qui se voulait le chantre de la morale catholique avoua qu'il avait inventé ce stratagème pour ne pas avoir de problèmes avec sa femme. Gageons en tout cas qu'il en aura avec ses électeurs...

Ceinture de chasteté pour les masseuses indonésiennes

Les salons de massage de la ville touristique de Batu ont ordonné à leurs employées de cadenasser leurs pantalons et leurs jupes, afin de bien signifier qu'elles ne sont pas des prostituées. « Je suis très satisfait de voir à la télé que ces jeunes femmes ont des cadenas sur leurs fermetures Éclair », se réjouit Imam Suryono, le chef de la police locale. Mais la mesure n'est pas du goût de la ministre indonésienne des Femmes, Meutia Swansono. « Ce n'est pas la bonne façon d'empêcher la promiscuité, a-t-elle déclaré au *Jakarta Post*. Je trouve cela insultant pour les femmes, car cela revient à dire que ce sont elles, les fautives. » Les serruriers de Batu, eux, sont pour.

Vivre ou se marier, il faut choisir

Un Nigérien a été contraint de divorcer de quatre-vingt-deux de ses quatre-vingt-six femmes, afin de se mettre en conformité avec la loi islamique, qui n'autorise « que » quatre épouses... Le Jamatu Nasr il

Islam, l'un des plus importants conseils islamiques du pays, avait lancé le 21 août un arrêt de mort contre Mohammadu Bello Masaba. Au début très déterminé à protéger sa nombreuse famille, le polygame a finalement accepté d'obtempérer. De toute façon, l'homme n'étant pas tout jeune – 84 ans ! – on se demande comment il pouvait encore remplir tous ses devoirs conjugaux... Les procédures de divorces ont commencé, mais étant donné le temps que cela prendra, certaines des nombreuses femmes du don Juan risquent d'être veuves avant d'avoir pu divorcer !

Arrêté pour abus de... femmes !

Un homme de 56 ans a été arrêté par la police saoudienne en raison de ses trop nombreuses conquêtes féminines. La charia interdisant d'avoir plus de quatre femmes à la fois, l'intéressé, qui en possède six, devra répondre de ses actes devant une commission d'enquête créée spécialement pour cette affaire. Comble de l'histoire : cet homme est membre de la Commission de la promotion de la vertu et de la prévention du vice, chargée de veiller à la bonne application de la loi islamique. Comment on dit « faux-cul » en arabe ?

Le chef de la police anti-vice arrêté... au bordel

Certes, ce n'est pas gentil de se moquer du malheur d'autrui, mais parfois il est difficile de s'en empêcher. Ainsi, nous avouons avoir bien rigolé en apprenant la mésaventure arrivée au général Reza Zarei, le chef de la police de Téhéran, chargé notamment de la « répression du vice », une lourde tâche compte tenu des lois de la république islamique d'Iran. Selon la presse officielle, Zarei a été arrêté lors d'une descente de police dans une maison close, où il a été surpris en compagnie de... six femmes nues. C'est vrai que pour bien réprimer, il faut avoir soi-même beaucoup fauté...

Des policiers qui donnaient d'eux-mêmes

Pour Keith Breiner, policier texan, la plainte dont il fait l'objet est abusive. S'il a eu des relations sexuelles répétées avec des prostituées, c'était « pour la ville » et l'enquête. Travaillant sous couverture dans une opération d'infiltration sur la prostitution, Breiner et son collègue, le lieutenant Kiker, ont été renvoyés pour avoir un peu trop donné d'eux-mêmes dans cette mission. Pourtant, Breiner, homme marié, affirme qu'on lui a demandé de coucher avec ces femmes, afin de réunir des preuves solides et d'établir des certitudes plus... profondes. Il a donc accompli son devoir à contrecœur, et jure qu'il n'y a pas pris de plaisir, même s'il a fini par jouir... de la situation. Le chef de la police a témoigné qu'il ne croyait pas les superviseurs de Breiner capables de lui demander d'avoir des relations sexuelles avec des prostituées. Espérons que les policiers soient parvenus à conclure... l'enquête.

Le pape fume du cannabis et prostitue sa copine !

Une facette inconnue de Benoît Seize a récemment été révélée au grand jour par le quotidien *Sud Ouest*. Non seulement, l'homme aurait une petite copine, mais il la forcerait en plus à se prostituer pour s'acheter de la drogue ! Pas très catholique direz-vous. Sauf que les juges du tribunal correctionnel de Bordeaux, en charge de l'affaire, ont bien rigolé en constatant qu'il s'agissait évidemment d'un homonyme. Pour le scoop, c'est raté... Le vrai pécheur, quant à lui, aura suffisamment de temps en prison pour expier sa faute et se repentir !

Un prêtre viré pour une liaison avec une paroissienne... mariée

Un pasteur de l'église luthérienne de Suède, qui regroupe la majorité des habitants du pays, avait été licencié en 2006 par son diocèse de Vasteras pour « conduite inappropriée ». Il faut dire qu'il avait fait fort : non seulement il a eu une liaison torride avec l'une de ses paroissiennes, mais quand le mari cocu est venu se plaindre, les deux hommes en sont venus aux mains, sans qu'on sache qui avait donné le premier coup de poing. Mais le pasteur n'a pas accepté d'être viré, et a porté l'affaire devant l'équivalent suédois du tribunal des prud'hommes, qui vient de lui accorder le remboursement des salaires non versés, ainsi qu'une indemnité pour « l'insulte » de l'avoir licencié. Ces pasteurs venus du froid ont le sang chaud.

Divine jouissance

Qui a dit que forniquer n'était destiné qu'à procréer ? Bien loin de cet enseignement catholique traditionnel, le père Ksawery Knotz, un capucin polonais, prône au contraire les vertus du plaisir de la chair. Celui qu'on surnomme « l'Apôtre du Kâma Sûtra catholique », prêche en effet le sexe entre époux sans modération. Pour lui, avoir une sexualité épanouie est le meilleur moyen de se rapprocher de Dieu : l'extase ressentie lors d'un orgasme s'apparenterait à une rencontre avec l'Être suprême. Le père Knotz jouit d'une grande popularité dans la région :

depuis l'an 2000, plus de trois mille couples sont déjà venus le consulter au monastère de Stalowa Wola. Les voies du Seigneur sont finalement très pénétrables.

Le vicaire a la patate

Un vicaire est récemment arrivé à l'hôpital de la ville anglaise de Sheffield avec… une pomme de terre coincée dans le rectum ! L'homme d'Église, âgé d'une cinquantaine d'années, a expliqué au personnel de l'hôpital que l'incident était survenu tandis qu'il accrochait des rideaux dans sa cuisine, dans le plus simple appareil… Il serait tombé sur un sac de patates et… L'infirmière qui l'a soigné (on imagine les blagues en salle de garde) a déclaré avoir déjà eu à extraire de postérieurs humains des tas d'autres objets insolites : concombre, poupée russe ou œillet en fleur…

Une bombe de laque très mal placée

Les médecins trouvent décidément de drôles d'objets dans les entrailles de leurs patients ! En Roumanie, une femme s'est présentée à l'hôpital d'Arad, dans l'Ouest du pays… une bombe de laque coincée dans le rectum ! Souffrante, Mirela Gradinaru a demandé aux médecins de l'aider, mais sans vouloir expliquer comment la bombe aérosol s'était logée là. Sans poser de questions, les chirurgiens sont parvenus à extraire l'objet. Le Dr Mirandolina Prisca raconte : « Nous avions réalisé une radiographie de la zone pour localiser l'objet. Elle était très embarrassée. Peu importe la façon dont il était entré, elle souffrait manifestement beaucoup. » Soit ! Mais l'introduction reste la vraie question !

Les périls de la drague sur Internet

À 48 ans, Thomas Montgomery, de Buffalo dans l'État de New York, n'est guère séduisant aux yeux des jolies jeunes filles qu'il adore tant. Du coup, il s'est mis à draguer sur Internet, en se faisant passer pour un beau gosse de 18 ans. Il a noué des liens avec une jeune fille du même âge, et était sur le point de la convaincre de le rencontrer pour faire l'amour quand un « cyber-rival » de 22 ans, Brian Barrett, commença à conquérir le cœur de la demoiselle. Montgomery décida de réagir, et tua Barrett à coups de pistolet. Montgomery, un diacre protestant marié avec deux enfants a été condamné à vingt ans de prison pour ce meurtre. Mais le pire pour lui a été d'apprendre que la jeune fille qu'il désirait tant était en réalité... une quinquagénaire.

Un Japonais tombe amoureux d'une voix... enregistrée

Un plombier de Takasaki, au Japon, vient d'être arrêté pour avoir appelé le numéro gratuit d'une société d'alimentation cinq cents fois en seize mois. « En tout, il a écouté le message d'accueil enregistré pendant trois mille cent heures, ce qui a coûté près de 4 millions de yens à la société, a affirmé un porte-parole de la police locale. Il nous a expliqué qu'il était tombé fou amoureux de la voix de la femme qui lit le message, et qu'il ne pouvait s'empêcher d'appeler pour l'entendre tellement elle l'excitait. Le détective qui a mené l'enquête, pourtant, dit que la voix lui paraissait tout à fait ordinaire. » Il faut croire qu'un policier n'a pas l'oreille aussi romantique qu'un plombier.

Il veut tirer un coup… son patron lui en donne un

L'affaire se passe dans une petite entreprise près de Reims. Le patron est alerté par son comptable au sujet d'une envolée du coût de la facture téléphonique. Elle a en effet augmenté de 700 euros. Intrigué, l'employeur mène l'enquête et découvre que c'est depuis un téléphone portable appartenant à la société que les onéreux coups de fil ont été passés. Il se rend alors dans le bureau de l'employé utilisant ce téléphone et constate qu'en fait d'appels professionnels, ce salarié passait son temps… à se connecter sur des sites pornographiques de rencontres ! Furieux, le patron frappe alors son employé. Ce dernier a porté plainte. Entre le patron cogneur et l'employé obsédé, les juges risquent de passer un moment des plus cocasses…

Sexe ou web, il faut choisir !

C'est le genre de sondage qui ne fait que confirmer ce que l'on savait déjà : les gens adorent Internet. Dans cette étude réalisée avec deux mille cent dix-neuf Américains interrogés par le fabriquant de microprocesseurs Intel, l'accès à Internet a été élu première source de récréation, devant la télévision, les repas au restaurant, le shopping et le sport. Mais ce qui fait trembler, c'est que près d'une Américaine sur deux (soit 46 % des sondées) préfère se passer de relations sexuelles pendant deux semaines, plutôt que de devoir laisser tomber les joies d'Internet durant la même période. Les hommes ne sont pas en reste : 30 % d'entre eux privilégieraient leur cher navigateur. Le « cyberflirt » semble avoir de l'avenir ! Intel précise aussi que 65 % des personnes interrogées « ne peuvent pas vivre sans Internet ». La souris comme substitut érotique ?

En 2050, nous ferons l'amour avec des robots

C'est David Levy, un expert reconnu de l'intelligence artificielle, qui l'affirme dans son dernier livre : en 2050, nous ferons l'amour à des... robots ! « D'ici quelques décennies, les robots seront presque humains, affirme Levy. Quand il existera des robots comme je les imagine dans mon livre, je serai le premier à avoir des rapports sexuels avec eux. Un coït formidable disponible vingt-quatre heures sur vingt-quatre, sept jours par semaine, il n'y a rien à redire. J'aimerais essayer, même si je n'ai pas besoin d'un nouveau partenaire sexuel, puisque je suis très heureux en mariage. » Reste à savoir si sa femme acceptera un ménage à trois avec une androïde...

Il fait l'amour à... une table de pique-nique !

La première fois qu'un citoyen a appelé pour signaler un homme nu s'activant sur une table de pique-nique dans son jardin, Matt Johnson, le chef de la police de Bellevue, dans l'Ohio, n'y a pas cru. Mais lorsqu'un autre habitant du même quartier est venu au commissariat avec une vidéo du quatrième incident, il a été obligé de se rendre à l'évidence. « On voit parfaitement le coupable présumé, nu comme un ver, renverser la table et introduire son sexe dans le trou qui sert au parasol. Dans ce métier, on croit avoir tout vu, et puis il se produit une affaire comme celle-ci. » Art Price, 40 ans, a été inculpé d'attentats à la pudeur. Pourvu qu'il ne demande pas à partager sa cellule avec... sa table.

Un amour de voiture

Plutôt que vous parler de voleurs de voitures, voici l'histoire d'un... violeur de voitures ! Il s'appelle Edward Smith, il vit dans l'État américain de Washington, et sa passion consiste à avoir des relations sexuelles avec des automobiles. Dès qu'Edward aperçoit une jolie voiture, il se précipite dessus et lui fait l'amour. Loin de se considérer comme un détraqué, il a fait part de ses penchants « automobilophiles » dans un documentaire sur la chaîne Channel Five. Mais pour l'heure, Edward est devenu fidèle. En effet, il a rencontré une Coccinelle Volkswagen, prénommée Vanilla, avec laquelle il file le parfait amour. Que souhaiter à ce jeune couple sinon « bonne route » ?...

Violeur... de poupées gonflables !

À Cairns, en Australie, un étrange individu a fait irruption dans trois sex-shops de la ville. Il n'en avait nullement après les tiroirs-caisses de ces établissements. Son but était de... dérober des poupées gonflables. Après quoi il ressortait, gonflait, puis violait sa « victime » avant de l'abandonner. « C'est très étrange, raconte un propriétaire de magasin. Il a pris les poupées, avant de les gonfler, de faire ses petites affaires et de les laisser simplement là. » L'homme semble être particulièrement accro de la poupée dénommée Jungle Jane. C'est ce modèle qu'il a volé à cinq reprises. La police scientifique a récupéré les traces d'ADN sur les poupées violées pour poursuivre le pervers. Si un Australien louche vous aborde, ne répondez surtout pas : « Vous me gonflez. » On ne sait jamais !

Il harcèle une femme au volant de son corbillard

Au pays des kangourous, on ne plaisante pas avec le harcèlement sexuel. Adam James, un croque-mort australien de 37 ans, s'est vu retirer son permis de conduire pour deux ans et mis à l'épreuve pour avoir harcelé une femme, au volant de son corbillard. La victime, morte de peur, a en effet été poursuivie par le véhicule funéraire, tandis que le conducteur lui hurlait des injures et autres propositions malhonnêtes tout en klaxonnant. Ayant à plusieurs reprises tenté de bloquer le passage à la pauvre femme, il avait fini par se ranger à côté d'elle et par frapper sa carrosserie à coups de poing. Cet entrepreneur de pompes funèbres s'ennuyait peut-être… mortellement.

Des funérailles à réveiller le mort

Cai Jinlai, un Taïwanais de 103 ans, est décédé au retour d'une marche de trois kilomètres pour aller voter. Pour ses funérailles, fidèle à la promesse qu'il avait faite à son père, Cai Rugong a engagé une… stripteaseuse. Pour 120 euros, la jeune femme s'est déshabillée et s'est déhanchée lascivement pendant une dizaine de minutes devant le cercueil. « Mon père, qui avait une centaine de descendants, était célèbre dans toute la région pour sa passion du striptease. À ses 90 ans, je lui avais promis une effeuilleuse pour ses funérailles s'il vivait jusqu'à 100 ans. » Espérons qu'on l'ait enterré avec un string et un boa en plumes.

Faux inspecteur, mais vrai amateur de seins

Michael Myers, 32 ans, a été inculpé pour avoir tenté de se faire passer pour un policier. Banal, direz-vous. Au contraire : Myers a été démasqué, tard un dimanche à Louisville, dans le Kentucky, alors qu'il essayait d'obliger une jeune femme à monter dans sa voiture, sous prétexte qu'elle avait bu et que c'était son devoir de flic de la raccompagner chez elle. Deux pompiers qui passaient ont trouvé la scène bizarre, et sont intervenus. « Vous êtes vraiment policier ? » demande l'un d'eux. « Oui, mon matricule est le suivant, mais je ne veux pas vous donner mon nom », répond Myers. « Eh bien, on va appeler vos collègues », tranche le pompier. Une fois l'imposture de Myers découverte, les policiers ont perquisitionné sa voiture, et trouvé un badge métallique, d'allure tout à fait authentique, portant l'inscription... *Official Boob Inspector* (« Inspecteur officiel de nichons »), délivré par le « département de titillation ». En somme, il ne faisait que son boulot.

On ne rigole pas avec les perversions bizarres à Singapour

Pour avoir trop aimé le parfum de femme, Mohammed Ariffin, un habitant de Singapour, n'en sentira plus pendant de longues années. Il faut dire qu'il a une drôle de façon d'aimer les femmes : en un an, il est accusé d'avoir agressé vingt-trois personnes du sexe féminin, âgées de 9 à

53 ans, pour leur… renifler les aisselles ! Avec certaines de ses victimes, Ariffin ne s'est pas contenté de humer, et s'est livré à des attouchements intimes. La semaine dernière, le juge James Leong l'a condamné à quatorze ans de prison sans possibilité de remise de peine, et pour faire bonne mesure, a ordonné qu'on lui administre dix-huit coups de canne. Sur le dos, pas sur le nez, rassurez-vous…

Cagoule de guerre chimique et jeu érotique ne vont pas ensemble

Les audiences des *coroners*, les officiers publics britanniques chargés de statuer sur les causes des décès, sont souvent d'un ennui… mortel. Mais l'auditoire a poussé des « oh ! » et des « ah ! » en entendant comment Christopher Harris, 47 ans, un livreur de lait de Newport, père de trois enfants, avait trépassé. « Le décédé a été trouvé par sa compagne, a expliqué un policier, allongé sur le lit, entièrement nu à l'exception d'une cagoule de fabrication soviétique, destinée à protéger les soldats en cas d'attaque nucléaire, chimique ou biologique. La cagoule était reliée par un tuyau à une bouteille de chloroforme. » Le médecin légiste constata qu'Harris avait mal calculé la dose de chloroforme, et en était mort. « Nous pensons qu'il s'agit d'un jeu érotique qui a mal tourné », a-t-il déclaré. Drôle de jeu !

Les beautés d'une ville transformées en partie fine

L'écran de l'office de tourisme de la ville croate de Slavonski Brod a buggé la semaine dernière : au lieu d'images vantant la beauté du pays (et de l'arrière-pays) ont été diffusées, durant quelques dizaines de minutes, des scènes présentant des arrière-trains qui tenaient plus du porno que du sanctuaire de Notre-Dame-des-Miracles de Sinj. C'est la foule qui commençait à se former devant l'agence de tourisme qui a mis la puce à l'oreille des dirigeants, qui ont immédiatement fait appel à une police spécialisée dans l'informatique afin de retrouver le ou les hackers qui avaient changé leurs programmes. Le député-maire de Slavonski Brod, Zeljka Kristof, vient de déclarer à la presse : « Nous prenons très au sérieux cet incident car nous avons travaillé dur pour donner de notre ville, une belle image aux touristes et aux visiteurs, et nous ne voulons en aucune manière la voir souillée. Cette perturbation a choqué beaucoup de monde et incommodé nombre de touristes. Nous devrons donc rendre notre système informatique beaucoup plus sécurisé que ce qu'il n'est aujourd'hui. » On remarquera quand même que les touristes « incommodés » avaient formé une petite foule...

Un porno diffusé avant le flash info

Les aficionados de la chaîne privée tahitienne Nui TV ont eu une drôle de surprise récemment. Juste avant le traditionnel flash info, ils ont eu droit à cinquante-deux secondes de scènes très *hot* à cause d'une erreur de manipulation d'un technicien qui se faisait un petit plaisir en régie. Les téléspectateurs s'attendaient à retrouver leur présentateur fétiche, au lieu de quoi ils ont découvert l'anatomie des acteurs. Des hommes-troncs, eux aussi, mais d'un autre genre...

Un DVD porno dans un magazine pour enfants

Voilà une erreur qui la fiche mal, tandis que l'on brandit sans cesse l'importance du contrôle parental sur les lectures et autres activités Internet des enfants. Connaissez-vous le magazine *Julie* ? C'est une lecture réservée aux petites filles de 8 à 12 ans. En juin dernier, il sortait un numéro « spécial Tecktonik » avec, en cadeau, un DVD pour apprendre à danser. Sauf que lorsque l'une des gamines impatientes a ouvert le DVD, elle est tombée sur… un film pornographique gay ! Immédiatement, les exemplaires ont tous été retirés des kiosques. Il semble que cette erreur n'ait affecté qu'un seul magazine, dont l'éditeur – Milan Presse – est connu pour son sérieux en matière de presse enfantine. Heureusement !

Une caméra cachée pour voir sous les jupes

Un Italien de 38 ans a été arrêté par la police vénitienne en plein milieu de la place Saint-Marc, après qu'un agent a été intrigué par le gros sac qu'il posait par terre dès qu'une jolie femme en jupe courte passait à proximité. L'examen du sac a révélé une caméra, dont l'objectif était placé face à un trou dans le côté. Une perquisition chez lui a permis de retrouver plus de trois mille images de fesses féminines. L'homme risque une peine de quatre ans de prison. Demandera-t-il à emporter son album photo en prison ?

Un film porno… électrisant !

La tension monte à EDF depuis que le directeur de l'usine marémotrice de la Rance a découvert sur le net l'existence d'une vidéo amateur porno tournée dans ses locaux. Selon le journal *Ouest France*, quelques électrons libres se seraient introduits dans les bureaux administratifs pour filmer leurs ébats, grâce à la complicité d'un employé. L'incident embarrasse d'autant plus l'entreprise que le site qui utilise la force des marées, est considéré comme « sensible ». Profondément choquée, la direction d'EDF met toute son énergie à faire la lumière sur cette affaire : elle vient de diligenter une enquête interne. Depuis, dans les couloirs, il y a comme de l'électricité dans l'air…

À 21 ans, il a déjà sept enfants

Nous vous avons raconté l'histoire d'une Argentine de 17 ans qui vient de donner naissance à des triplés pour la seconde fois, portant à sept le nombre de ses enfants. Heureusement qu'elle n'est jamais tombée sur Keith MacDonald, un Anglais de 21 ans, qui lui aussi en est à sept enfants, dont le premier est né quand il avait 13 ans. Les gamins sont de sept mères différentes. « Comme je suis au chômage, explique MacDonald, je n'ai pas à payer de pensions alimentaires, mais j'ai quand même décidé d'arrêter. Ma mère en a marre de tous ces enfants, et m'a ordonné de garder la braguette fermée, désormais. » À la place des services sociaux britanniques, on lui offrirait quand même des préservatifs, au cas où…

Mariée quatre fois… à 24 ans

Nous connaissions les tueurs en série, mais c'est la première fois que nous tombons sur une mariée en série. Allison Smith, une Écossaise de 24 ans, vient d'épouser son… quatrième mari. Il faut dire qu'elle n'a pas eu de chance : à 17 ans, son premier époux l'a plaquée au bout de dix jours de vie maritale, pour… épouser sa mère. Le second n'a été que le remplaçant de son fiancé de l'époque, qui avait rompu quelques minutes avant la cérémonie. Le troisième était bien sous tous rapports, à ceci près qu'il était… déjà marié à une autre femme. Allison vient de convoler en justes noces avec Alex Shepard, auquel elle a pardonné une aventure avec une amie commune quand ils étaient fiancés. « Je ne suis pas fière d'avoir été mariée tellement de fois, affirme-t-elle. J'ai été malchanceuse, mais maintenant je suis sûre d'avoir trouvé mon prince charmant. » On croise les doigts…

Un orgasme synchronisé pour la paix mondiale

« Faites l'amour, pas la guerre. » Ce slogan était proclamé par tous les babas cool des sixties, avec leurs cheveux longs, leurs fleurs partout et leur pétard au bec. En 2006, deux hippies (Donna Sheelan, 76 ans, et Paul Reffell, 55 ans) sont revenus sur le devant de la scène pour proposer « un orgasme synchronisé pour lutter contre les violences sur terre ». Le 22 décembre prochain, jour du solstice d'hiver, aura lieu la troisième édition du *global orgasm*. N'y voyez pas une partouze mondiale ! Il s'agit de faire l'amour avec le partenaire de son choix le soir du 22 décembre, en se concentrant fortement sur la paix dans le monde, avant et après l'acte. Chaque individu peut se joindre à la manifestation de masse, « surtout dans les pays qui détiennent des armes de destruction massive », selon Donna. Les deux concepteurs sont des militants pacifistes qui croient qu'une jouissance collective pourrait aider contre les guerres dans le monde. Elle pourrait insuffler un surcroît d'énergie positive à l'intérieur du champ énergétique de la terre, et réduirait le niveau de dangerosité, d'agressivité et de violence... sauf chez les couples sadomasos. Bien entendu !

La fête du string

Il y a la journée contre la faim dans le monde, celle contre les violences faites aux femmes, celle pour la lutte contre le cancer et celles contre des maladies tout aussi déprimantes. Mais il y a plus fort. Le 17 février dernier, la capitale brésilienne a organisé la troisième édition de la journée du... sous-vêtement ! Cette « fête » est inspirée d'un événement similaire qui a lieu tous les ans à New York depuis 2003. Ce jour-là donc, une trentaine de mannequins, hommes et femmes, défilent en – toute – petite tenue, à la grande joie des spectateurs. Mais plus qu'un plaisir pour les yeux, ils sont les porteurs d'un message à haute teneur philosophique. Un véritable combat. Ils expriment, par le biais de cette journée, l'importance au quotidien de porter de beaux dessous... Avec un slogan, « À bas le slip kangourou ! »

Pour contrer les rumeurs, rien ne vaut un certificat de virginité

Rodica Trandafir, une habitante de Bacau, en Roumanie, a beau avoir 60 ans, elle tient néanmoins à défendre son honneur. « Je ne supportais plus les rumeurs qui circulaient sur moi dans le village, a-t-elle déclaré au quotidien local. Simplement parce que des cousins sont venus chez moi réaliser des travaux, on a prétendu que je recevais des hommes pour forniquer. Du coup, je suis allée voir un gynécologue pour qu'il certifie que je suis vierge, et j'ai envoyé une copie à tous mes voisins. Dire que je suis une traînée à mon âge est un scandale. Maintenant, ils vont tous la fermer, j'espère. » Sauf ceux qui pensent qu'être vierge à 60 ans, c'est aussi un scandale !

Elle exige de son petit ami qu'il se fasse diminuer… la poitrine

Certes, Zhang Jianguo, un habitant de Chongqing, en Chine, ne mesure qu'un mètre soixante-dix et pèse cent kilos, mais ce n'est pas la raison pour laquelle sa fiancée, Xiao Feng, a exigé qu'il subisse une opération de chirurgie esthétique sous peine de le quitter. Non, ce que voulait Mlle Xiao, c'est qu'il fasse réduire sa poitrine. « Elle m'a dit qu'elle en avait assez que mes seins soient plus imposants que les siens, explique Zhang. Elle prétend qu'à côté de moi, elle semble avoir la poitrine plate. » Du coup, il s'est rendu à l'hôpital local, où les médecins lui ont retiré par liposuccion plus de deux cents millilitres de graisse pectorale. Désormais, le jeune couple pourra partager ses… soutiens-gorge.

« Je vérifie toujours qu'il n'y a qu'un pénis », dit le médecin

Depuis que les autorités du Nord de la Suède se sont aperçues que des toxicomanes ont recours à des faux pénis, remplis d'urine « propre », pour déjouer les dépistages, ils ont demandé aux médecins d'être vigilants. « Si un patient vient me demander un test d'urine, par exemple pour garder leur permis de conduire, raconte le

Dr Leo Hassler, je commence par vérifier le slip pour être sûr qu'il n'y a qu'un pénis. » Simple, comme précaution…

Un musée consacré aux bijoux… de famille

Si jamais vos pérégrinations vous amènent du côté d'Húsavík, un paisible village de pêcheurs en Islande, ne ratez pas le Musée « phallologique » islandais, qui est entièrement consacré aux pénis. Le phallus géant qui trône à l'entrée le rend facile à trouver. Son créateur, Sigurdur Hjartarson, qui a commencé à collectionner les phallus il y a vingt-quatre ans, expose fièrement deux cent soixante et un pénis de quatre-vingt-dix espèces, empaillés ou dans des bocaux de formol. Le plus grand est celui d'un cachalot, qui mesure un mètre soixante-dix et pèse soixante-dix kilos. Le kiki le plus rikiki appartient à un hamster, mesure deux millimètres, et nécessite une loupe pour être examiné. « Tout ce qui manque est un pénis humain, avoue Hjartarson, mais quatre personnes ont promis de me donner leur organe viril à leur mort. » D'ailleurs, l'un des volontaires, l'Américain Stan Underwood, est tellement fier de son membre qu'il a fait réaliser un moulage, qui est exposé au musée à côté de sa promesse de don.

Pour avoir une belle peau, sortez couverts !

Un lubrifiant pour préservatifs, prisé des prostituées et des homosexuels, a gagné une popularité inattendue au Cambodge. En effet, depuis quelques mois, son utilisation a été détournée. Les jeunes femmes souffrant d'acné aiguë s'en appliquent… sur le visage ! Une ouvrière aurait même déclaré avoir utilisé de nombreux médicaments pour traiter l'acné, mais qu'aucun n'arrivait à la cheville du lubrifiant !

Toutefois, il est impossible de connaître les effets à long terme du gel sur les visages et des experts ont été appelés à se pencher sur le phénomène. On imagine déjà les publicitaires inventer un nouveau slogan : « Vaseline : parce que je le vaux bien »…

Chambre avec vue

Un couple et leur enfant de 14 ans séjournaient au *Royal Park*, un palace situé à Elenite, en Bulgarie. Chambres spacieuses, service impeccable et magnifique piscine : ce lieu ravissait la petite famille. Or un matin, juste après le petit-déjeuner, le jeune garçon indiqua à ses parents qu'il avait oublié ses lunettes de soleil dans sa chambre et qu'il allait monter les chercher avant de les rejoindre à la piscine. Une fois entré dans sa chambre, il trouva effectivement ses lunettes… mais également deux employés de l'hôtel en train de s'ébattre dans son lit ! Choqué, il raconta l'histoire à ses parents qui, bien sûr, firent un scandale. Les deux tourtereaux sans gêne furent priés d'aller s'aimer ailleurs et de ne plus jamais reparaître au *Royal Park*.

La « vit » de bureau derrière la vitre

Après une réunion de travail dans une entreprise anglaise, l'heure est à la pause. Des participants s'en vont à la machine à café – à thé plutôt – située au rez-de-chaussée, quand d'autres restent dans la pièce de réunion située au premier étage. En réalité, seules deux personnes demeurent dans la salle après le départ des autres et, dès que la porte se referme, commencent leurs ébats adossés à une vitre en verre dépoli. Du moins le croyaient-ils, car la vitre n'était pas dépolie et une petite vingtaine de personnes ont assisté à leur accouplement, non dépourvu de prouesses parfois saluées par la foule. Quelques-uns ont bien essayé de les prévenir en frappant sur la vitre, mais rien n'y a fait, car si le verre n'était pas dépoli, il était bien insonorisé. Vingt minutes plus tard, lorsque le couple est arrivé à la machine à café, des applaudissements les ont accueillis. Ce que n'ont pas fait leurs chefs, qui les ont suspendus de leurs fonctions et ont demandé « une enquête », qui ne manquera pas de témoins…

Des préservatifs qui valent de l'or

À Dallas, aux États-Unis, un homme en fauteuil roulant a cambriolé un magasin. Il a menacé les employés et frappé la caisse à coups de batte de base-ball, sans pour autant dérober son contenu. En effet, cet excité n'était pas là pour se remplir les fouilles. Mais pour se protéger… Il est reparti gonflé à bloc, muni d'une dizaine de boîtes de préservatifs et d'une bouteille de boisson énergisante ! La police n'a toujours pas retrouvé le suspect, qu'elle soupçonne d'être un sans-abri sous l'effet de la drogue au moment du délit. En effet, il devait vraiment être défoncé, pour ne pas réaliser qu'en piquant la caisse, il aurait pu en prime s'acheter quelques *sex-toys* !

Hold-up au club échangiste

C'est un coup osé qu'ont réalisé ces Allemands... Les deux hommes, âgés d'une trentaine d'années, se sont en effet introduits par effraction au sein d'un club échangiste, arrêtant ses membres au cours de leurs ébats pour les détrousser… Les clients n'ayant rien sur eux (en tout cas très peu de vêtements), les voleurs ont dévalisé les casiers contenant leurs affaires personnelles, ainsi que le coffre-fort du club. L'idée est d'autant plus ingénieuse que les victimes, en pleine action, ne risquaient pas de courir nus après les voleurs. Les deux filous se seraient même fait plaisir, emportant avec eux les sous-vêtements de certains clients ! Plus fétichistes que voyeurs, sans doute…

Quand l'amour passe par le saucissonnage

Tom Müller, un employé de banque allemand âgé de 36 ans, était fou amoureux d'une collègue, Tanja Schulze, mais n'osait pas lui déclarer sa flamme. « Si je passe pour un héros à ses yeux, elle voudra de moi », se dit le jeune homme, qui mit au point un stratagème audacieux. S'étant dissimulé le visage, Müller fit irruption une nuit de la semaine dernière chez la jeune femme, la ligota, lui mit un sac sur la tête, et lui annonça – en anglais, afin qu'elle ne le reconnaisse pas – qu'il était le chef d'un gang de « saucissonneurs ». Pendant quatre heures, il mit son appartement à sac. Puis, au matin, il ôta son masque, alla sonner à la porte d'entrée, imita les cris et les bruits d'une bagarre, puis délivra Tanja, en lui racontant qu'il était venu voir si elle était malade, et qu'il avait mis les bandits en fuite. Ingénieux, sauf que la police a trouvé le portefeuille de Schulze, « volé par le gang », dans la poche de Müller, qui a été mis en examen pour effraction, séquestration et vol.

Un directeur d'école, pervers, trahi par son joint

Un policier de Glendale, dans le Wisconsin, avait été appelé pour une affaire mineure dans un motel de la ville. Le problème réglé, il va reprendre sa voiture quand il sent une odeur de marijuana qui s'échappe d'une chambre. Il frappe à la porte, et un homme d'une cinquantaine d'années, vêtu d'un slip, lui ouvre. Dans la chambre, l'agent découvre deux sœurs âgées de 16 et 15 ans, entièrement nues, qui regardent un film porno à la télévision en buvant de l'alcool. Mais il n'est pas au bout de ses surprises : en contrôlant l'identité du pervers, il apprend que Dan Markofsky est... le directeur d'une école élémentaire de Chicago !

Baisers interdits : ils créent des bouchons

Un panneau tout ce qu'il y a de plus officiel trône à l'entrée de la gare de Warrington, dans le Nord de l'Angleterre. Le pictogramme de ce panneau représente un couple en train de s'embrasser barré d'un trait rouge. En effet, la direction de cette gare interdit les embrassades. Or cette interdiction digne des plus strictes républiques islamistes n'est pas du tout due à de la pudibonderie. Les agents de la gare ont simplement constaté que les couples qui s'embrassent pour se dire au revoir à l'entrée de la gare ou sur les quais créent... des embouteillages les jours d'affluence ! Les amoureux sont donc priés de s'embrasser sur le parking. Pratique mais pas très romantique...

Crise financière et libido ne font pas bon ménage

On pourrait penser que la crise financière renforce le couple, l'érige en valeur refuge pour pallier l'insécurité environnante. Il n'en est rien ! Le cours de la libido chute au même rythme que le cours des actions. La volatilisation de l'épargne et des emplois va de pair avec la volatilisation du désir sexuel. C'est un sondage du quotidien *Metro* qui le dit : 17 % des couples interrogés ont estimé « probable » leur séparation en 2009. Car finis les restaurants et autres petits plaisirs onéreux ! Finis les grands projets d'avenir ! Et bonjour les disputes à répétition ! 11 % des couples se chamaillent plus depuis que l'immobilier américain s'est effondré. Où est donc passé l'adage « vivre d'amour et d'eau fraîche » ?

En Floride, les ados ont de drôles d'idées sur le sexe

Les parlementaires de l'État de Floride avaient demandé une enquête d'opinion sur les connaissances des adolescents sur la sexualité. Ils n'ont pas été déçus des résultats : une bonne partie des gamins pensent que boire un bouchon d'eau de Javel permet d'éviter d'attraper le sida, qu'un verre de Mountain Dew, une boisson parfumée aux agrumes, empêche de tomber enceinte, tout comme... fumer un joint de marijuana. Du coup, les législateurs envisagent de modifier l'enseignement sur la sexualité dans les lycées, qui pour le moment n'invoque qu'une seule méthode de contraception : l'abstinence... Ça ne doit pas vraiment marcher...

Chapitre IV

L'avarice

Quoi de pire que ce défaut qui, à y réfléchir, induit presque tous les autres ? Le « radin » se trouve souvent confronté à des situations insolites. L'appât du gain engendre souvent des comportements atypiques dont nous nous régalons chaque semaine. De même que nous en élaborant cette sélection, il n'est pas impossible que vous ne puissiez vous empêcher de comparer certains de nos « héros » avec des membres de votre entourage. Un conseil cependant : évitez de faire part de vos suggestions durant les repas de famille...

Son mari lui vole un... rein

On savait que l'amour rendait aveugle, l'on sait maintenant qu'il peut aussi rendre infirme. Warda Mohammed el-Banna en a fait les frais. Se sentant de plus en plus faible après une hospitalisation récente, l'Égyptienne prend la décision de consulter un spécialiste. Après examens, elle apprend avec stupeur qu'il lui manque un rein. Très choquée, elle en vient immédiatement à soupçonner son mari et porte plainte contre lui. D'après le journal *Al Wafd*, la mutilée affirme que son époux l'aurait droguée pour lui faire subir une opération chirurgicale à son insu avant de vendre l'organe au marché noir pour une somme de 1 850 euros. Et qu'il aurait ensuite prétexté un accident de la route et l'aurait conduite dans une clinique de Ménufiya, dans le delta du Nil, pour justifier ses cicatrices. Le mari lui, nie toute implication dans ce trafic de rein. Si sa culpabilité est établie, une greffe de cœur s'impose.

Il loge à l'hôpital, pour loger à l'œil

Un chômeur de longue durée autrichien a réussi à se faire loger, nourrir et blanchir pendant trois ans sans débourser un sou. Prenant les hôpitaux pour des hôtels, Franz Steiger, 59 ans, se présentait aux urgences en alléguant des symptômes divers et variés afin de se faire hospitaliser. Puis, quand il avait envie de changer de lieu, il se prononçait « guéri » avant d'aller se présenter au prochain établissement de soins. En tout, Steiger a fait quatre-vingt-treize hôpitaux à travers toute l'Autriche, avant d'être bêtement confondu, il y a quelques semaines, par des médecins qui ont trouvé suspect qu'un homme qui se plaignait de vertiges « suite à un accident de moto » ne présente pas la moindre blessure. Le malade imposteur risque plusieurs années de prison, mais il trouvera peut-être le gîte plus confortable que dans un service hospitalier.

Laissez-moi en prison !

Qui a dit que la situation dans les prisons était invivable ?

Certainement pas ce drôle de zig qui s'est fait incarcérer en Angleterre pour blessures volontaires et vol aggravé. Six ans plus tard, l'homme a fini de purger sa peine et les portes de la liberté se sont ouvertes à lui. « Vous n'êtes manifestement pas britannique et vous n'avez aucun titre de séjour. Nous allons donc vous reconduire dans votre pays », indiqua le juge d'application des peines. Mais l'ex-taulard voulait absolument rester en Angleterre. Alors, pour ne pas être renvoyé dans son pays, il a refusé de décliner son identité et sa nationalité ! Alessio Beschizza, directeur de la prison, déplore la situation, un prisonnier coûtant environ 38 000 euros par an aux contribuables anglais. Mais d'un autre côté, le squatter carcéral a déclaré que si on ne le reconduisait pas en cellule, il s'arrangerait pour y retourner en commettant un délit grave. Le mieux serait encore que l'État lui offre une bourse pour préparer le concours de gardien de prison…

Violeur… pour apprendre l'anglais

En Angleterre, un immigré roumain a violé une jeune femme pour… s'assurer des cours d'anglais, le gîte et le couvert ! Ali Majlat est un multirécidiviste. Dans son pays, il avait déjà été incarcéré pour vol. À son arrivée en Grande-Bretagne, il s'en est pris à une jeune femme de 21 ans sur un quai de gare. Après avoir frappé la victime, il l'a violée et lui a volé son téléphone portable, son sac et un bracelet. Chose surprenante, l'homme a agi de manière réfléchie et calculée : il avait décidé de commettre ce crime car « il voulait aller en prison où il serait nourri, logé, et où il pourrait apprendre l'anglais », a-t-il expliqué à un psychiatre. Le prévenu a été déclaré fou mais pas irresponsable de ses actes. Son souhait va donc être exaucé.

Un amoureux éconduit devient contorsionniste

Incroyable ! Depuis des années, un ancien étudiant en art dormait chaque nuit dans un... casier à bagages de la gare de Düsseldorf. Après une rupture amoureuse il y a dix ans, Mike Kirsch, 29 ans, avait élu domicile dans le casier n° 501 de la gare. Les autorités du chemin de fer allemand viennent de le déloger, l'accusant d'attenter à l'ordre public. Il risque neuf mois de prison. Mike reste cependant optimiste : « C'est peut-être une nouvelle chance qui me sera donnée », dit-il. Et la paillasse sera plus spacieuse...

Colocataire... à l'insu de son plein gré !

Cela faisait un an qu'un Japonais de 57 ans se croyait fou. Chaque jour, il retrouvait chez lui des miettes sur la table, des bibelots déplacés, et parfois même de la vaisselle sale alors qu'il n'avait pas dîné chez lui la veille. Un ami lui affirma qu'il devait être sujet à des crises de somnambulisme. « Tu n'as qu'à installer des caméras de surveillance dans ton appartement, tu verras bien », suggéra-t-il. C'est ce que fit le malheureux. Quelques jours plus tard, il visionna les cassettes. Il se rendit alors compte que, non seulement il n'était ni fou ni somnambule, mais… qu'une femme vivait clandestinement chez lui depuis des mois ! Cette marginale de 57 ans avait élu domicile dans la partie supérieure d'un placard… un grand. Elle n'en sortait que la nuit. Comparée au placard, la cellule où elle a été placée va lui paraître luxueuse…

Un propriétaire immobilier condamné à vivre… chez lui

Malgré un jugement qui lui ordonnait de réparer et remettre en état un immeuble résidentiel qu'il possède à Parma, dans l'Ohio, Josh Levin n'avait rien fait pour résoudre un problème d'inondation au rez-de-chaussée. Le juge Timothy Gilligan l'a très mal pris, et a non seulement condamné Levin à six mois de prison, mais aussi à passer cent cinquante jours supplémentaires… au rez-de-chaussée de son immeuble.

Le « dentiste » s'équipait au rayon bricolage

Pendant des années, aucun des patients du Dr Alvaro Perez, 40 ans, un dentiste équatorien opérant en Italie, n'avait tiqué en voyant son matériel dentaire, composé notamment d'une perceuse pour bricolage et de pinces ordinaires. Jusqu'à la semaine dernière, où un patient qui s'était presque évanoui de douleur après avoir été « soigné » par Perez, s'est plaint à la police de Sampierdarena, en Italie. « En perquisitionnant son cabinet, a raconté un policier, nous n'avons trouvé aucun diplôme de dentiste, mais une liste de centaines de clients. » Pas difficile pourtant de différencier une fraise d'une perceuse.

Fausse potion magique, mais vrai escroc

« Laissez tremper vos billets de banque et des factures vierges toute une nuit dans un liquide spécial et le matin, vous verrez que votre magot aura doublé. » En entendant cette recette miracle, un Vietnamien vivant en Norvège n'en croit pas ses oreilles. Enthousiaste, le pauvre bougre ne sait comment remercier son interlocuteur de cette incroyable révélation. Le soir même, il réunit toutes ses économies en suivant à la lettre les précieux conseils, puis part se coucher s'imaginant déjà à la tête d'une petite fortune. À son réveil, il se précipite vers le récipient avant de constater, effondré, que l'argent a disparu ! Comprenant qu'il a été victime d'une escroquerie, l'homme porte plainte. L'escroc, un Français de 32 ans, a finalement été arrêté à l'aéroport d'Oslo alors qu'il tentait de quitter le pays avec les 23 000 euros volés en poche. Le filou doit comparaître devant les tribunaux. Il risque de mariner à l'ombre pendant un bon bout de temps, sans doubler ses gains pour autant…

Lutte (armée) contre la vie chère

En Grèce, les défenseurs masqués du pouvoir d'achat font trembler les grandes surfaces. Pas moins de quatre supermarchés athéniens ont été dévalisés récemment pour protester contre l'augmentation des prix. À chaque fois, le mode opératoire est le même. Une vingtaine d'individus casqués et armés investissent les rayons, remplissent les chariots, puis quittent le magasin sans payer avant de distribuer gratuitement leur butin aux passants. Un groupe se présentant comme anarchiste vient tout juste de revendiquer sur Internet ces raids militants. Pilleurs, et fiers de l'être…

Le colonel est « chocolat »

Les vigiles de l'épicerie du *Bon Marché* à Paris ont arrêté un homme qui venait de voler deux boîtes de chocolats d'une valeur de 61 euros. Comme de coutume en pareil cas, le filou fut conduit au commissariat. Les policiers ne se passionnaient pas pour ce dossier des plus banals, jusqu'à ce qu'ils demandent au resquilleur de décliner son identité et sa profession. Et là, il s'avéra que le voleur était... un colonel de gendarmerie en activité ! Autrement dit, les boîtes de chocolats sont devenues des boîtes de pandore...

Bon escroc, mais piètre comédien

Dans le Wisconsin, un homme de 50 ans pensait avoir trouvé une technique infaillible pour passer une journée de luxe sans bourse délier. Tout d'abord, il commanda un taxi pour l'emmener devant un grand restaurant. Au moment de payer la course, le petit malin serra fort ses mains sur sa poitrine, simulant un malaise cardiaque. Bizarrement, au lieu de le conduire à l'hôpital, le chauffeur le laissa descendre. Après avoir fait honneur au meilleur menu du restaurant, il tenta de recommencer le coup de la crise cardiaque. Le personnel appela les pompiers, comme l'escomptait le resquilleur qui avait l'intention d'invoquer une fausse alerte une fois à l'hôpital. Mais ce qu'il ignorait, c'est que son médecin traitant déjeunait ce jour-là dans le même restaurant. Après un bref examen, le praticien déclara que non seulement cet homme était en pleine forme mais qu'en plus, il l'avait questionné quelque temps auparavant sur les symptômes visibles d'un malaise cardiaque ! Lorsque le juge lui apprendra que sa course de taxi et son repas vont lui être facturés 10 000 dollars, amende comprise, pour le coup, son cœur risque de vraiment lâcher...

Le voleur de pièces rares les confie à leur... propriétaire

Un cambrioleur de Dortmund, en Allemagne, pensait avoir réussi le plus beau coup de sa carrière criminelle. Entré par effraction dans une maison, il avait mis la main sur une collection de pièces anciennes, à l'évidence d'une grande valeur. Au bout de trois jours, le malfrat, soucieux de mettre le magot en sécurité, se rend dans une banque pour le déposer dans un coffre. Mais l'employé chargé de faire l'inventaire de la collection reconnaît immédiatement les pièces : ce sont celles qu'on lui a volées trois jours plus tôt ! La police n'a pas tardé à venir passer les menottes au voleur.

Des lingots en... plaqué or

Émoi à Addis-Abeba : un certain nombre des lingots d'or entreposés dans les coffres de la Banque centrale d'Éthiopie se sont révélés être des barres d'acier recouvertes d'une pellicule de métal précieux. Après qu'un acheteur sud-africain s'est plaint d'avoir reçu des faux lingots, la banque a découvert que tout un lot d'or récemment acheté était bidon. Le courtier fournisseur des lingots a été arrêté, ainsi que ses associés, des employés de la Banque centrale et des chimistes du service géologique national, chargés de vérifier la pureté de l'or acheté. Les enquêteurs avouent ne pas encore savoir si la banque a acheté des contrefaçons, ou si les faux lingots ont été échangés dans les coffres pour des vrais. Le scandale a encore enflé après l'annonce de la découverte d'un deuxième lot de faux lingots. C'est d'autant plus dommage pour les finances éthiopiennes que le cours de l'or bat tous les records.

Le fisc nippon récupère 6 milliards de yens… en liquide

Deux sœurs japonaises, Hatsue Shimizu et Yoshiko Ishii, ont été arrêtées et inculpées de fraude fiscale à la suite de raids de la police dans plusieurs de leurs propriétés à Osaka. À la mort de leur père, un magnat de l'immobilier, en 2004, les sœurs avaient hérité 7,5 milliards de yens, soit près de 50 millions d'euros. Mais elles n'avaient déclaré qu'une fraction de la somme au fisc, évitant des millions en droits de succession. « Chez Hatsue Shimizu, nous avons découvert près de 6 milliards de yens (38 millions d'euros) en billets de banque, a annoncé triomphalement un porte-parole du fisc. L'argent, caché dans un appentis, remplissait une cinquantaine de boîtes en carton. » On comprend qu'elle ait renoncé à la traditionnelle cachette sous le matelas…

Homer Simpson remplace Juan Carlos

José Martinez, un confiseur espagnol, comptait sa caisse la semaine dernière lorsque soudain, son attention se porta sur une pièce de 1 euro. Comme vous le savez, chaque pays européen personnalise les pièces qu'il fabrique. En Espagne, par exemple, c'est la tête du roi Juan Carlos qui figure sur les pièces. Or celle que Martinez tenait en main représentait... Homer Simpson, le héros de dessin animé ! Non seulement il ne peut s'agir d'un acte de malveillance (fabriquer une fausse pièce revient beaucoup plus cher que sa valeur numéraire) mais en plus, de nombreux internautes proposent déjà des sommes rondelettes pour acheter cet objet rare. Le confiseur risque donc de gagner bonbon...

Il plaçait l'argent de ses clients... au casino

Récemment, la police grecque a arrêté le directeur d'une succursale d'une banque de l'île de Leros, qui avait détourné plus de 1 million d'euros des comptes de ses clients pour jouer au casino. Le directeur de cet organisme de prêt a fait le tour des maisons de jeu du pays pendant quatre mois avant d'être appréhendé. Lorsque ses clients souhaitaient retirer leur argent, il prétendait qu'il était bloqué sur des dépôts à long terme, et donc indisponible dans l'immédiat. Ce qui avait éveillé les soupçons des autorités. Il devait porter la guigne, car chaque fois qu'il jouait, il perdait, rejouant immédiatement, en vain, pour tenter de récupérer sa mise. En tout cas, il ira de la case banque à la case prison, sans toucher le jackpot !

Du champagne de la cave du Tsar : 20 000 euros la bouteille

Et flûte… Insatisfait de n'être que l'un des dix hôtels les plus chers au monde – la chambre n'est qu'à 12 000 euros la nuit, un pourboire – le *Carlton Ritz* de Moscou dame le pion aux autres établissements de luxe de la capitale fraîchement convertie au capitalisme : depuis une semaine, les milliardaires locaux y accompagnent leurs louches de caviar d'un champagne millésime 1906, expédié à l'origine par la maison Heidsieck à la cour impériale russe. Le navire transportant ce nectar avait fait naufrage en 1916 au large de la Finlande. Après avoir passé quatre-vingt-un ans dans l'obscurité douillette et tempérée du fond de la mer Baltique, les deux cents bouteilles ont été récupérées en 1997 par des plongeurs. Une pêche miraculeuse ; elles sont intactes, et quand le champagne est tiré des profondeurs, il faut le boire. Si le cœur vous en dit, la bouteille coûte 700 000 roubles, soit près de 20 000 euros.

Ciel, mes bijoux !

Bianca Jagger, l'ex-femme du chanteur britannique Mick Jagger, peut désormais souffler. Lors du festival de musique de Salzbourg, l'étourdie avait en effet égaré une bague d'une valeur de 200 000 euros, unique au monde puisque dessinée par ses soins. Ce bijou vient d'être retrouvé : c'est un habitant de la ville qui après l'avoir déniché dans la rue, l'avait offert à une proche, s'imaginant qu'il s'agissait… d'un vague porte-clés. En relisant un vieux journal où la bague était décrite, ce généreux donateur a compris sa méprise et rapporté l'objet au commissariat. Comme le prévoit la loi autrichienne, il aura droit à une récompense de 5 % de la valeur de l'objet trouvé, soit 10 000 euros. Pas mal pour un porte-clés !

Au fond de l'aspirateur... un diamant

Vladimir Shapiro, propriétaire d'une station de lavage pour automobiles de Saint-Pétersbourg, en Russie, décide de profiter d'un moment creux pour nettoyer l'aspirateur qu'il utilise pour l'intérieur des voitures. Soudain, au fond du sac, quelque chose scintille. Il attrape l'objet, et constate qu'il s'agit d'une pierre brillante montée en pendentif. « Sans doute un bijou de pacotille », se dit-il, mais il veut en avoir le cœur net. Le lendemain, il l'apporte chez un bijoutier, qui lui apprend qu'il s'agit d'un véritable diamant, d'une valeur de 300 000 euros ! « Avec le tintouin qu'ont fait les journaux, j'espère que le propriétaire viendra rechercher son bien », dit Shapiro. Tu parles...

Un yacht de luxe vendu... 25 euros

Crise financière oblige, Jakob Kauder, un riche Allemand, avait décidé de vendre son yacht luxueux aux enchères sur Internet, et comptait bien en tirer au moins 10 000 euros. Hélas, Kauder a oublié d'indiquer un prix de réserve, c'est-à-dire une somme minimum pour la vente. Du coup, un heureux enchérisseur s'est retrouvé propriétaire du bateau, long de sept mètres, pour la modique somme de 25 euros !

Kauder a bien tenté de faire annuler la vente, mais un tribunal de Cologne a tranché en faveur de l'acheteur. Bref, Kauder s'est fait mener en bateau…

Une dette chiffrée en milliers de roses d'Ispahan

Un tribunal iranien vient d'ordonner à un homme d'offrir à sa femme les… cent vingt-quatre mille roses qu'il lui avait promis de lui donner comme dot. C'est pour le « punir de sa radinerie » que son épouse lui a fait ce procès, témoignant à la barre qu'en dix ans de mariage, il ne lui avait même jamais offert un café. Le tribunal a pris en caution l'appartement du mari, tant qu'il ne s'exécutera pas. L'homme a dit au juge qu'il s'acquitterait de sa dette de roses en plusieurs fois (la somme totale représentant environ 64 000 dollars). Sans oublier de fustiger devant la cour les amies de sa femme : « des milliardaires, qui ont dû lui mettre ce genre d'idée en tête ». Ce que n'a pas prévu ce mari très mufle, c'est qu'il faudra aussi lui offrir des… vases.

Chérie, rends-moi mon rein !

Au cours d'un divorce, chacun récupère en principe ce qui lui appartient et les biens achetés en commun sont partagés. La chose est facilement envisageable lorsqu'il s'agit de meubles, de vaisselle ou encore de livres, mais la demande d'un chirurgien new-yorkais a laissé le juge chargé de son divorce perplexe. En effet, il y a huit ans, alors qu'il s'entendait encore très bien avec sa femme, il avait accepté pour lui sauver la vie de lui donner l'un de ses reins. Mais aujourd'hui qu'il ne voit plus en son ex qu'une harpie prête à tout pour lui piquer son argent, le chirurgien réclame… la restitution du rein ! Bien sûr, le juge a indiqué qu'il ne saurait en être question mais il a demandé au mari à combien il évaluait son organe. Estimation du chirurgien : 1,5 million de dollars. Ça fait cher le rognon…

Un apiculteur ne faisant plus son miel traduit un ours en justice

Il n'y a pas qu'en France que les ours posent des problèmes. Dans la ville de Bitola, en Macédoine, un apiculteur a assigné un ours en justice car, régulièrement, durant un an, il a trouvé ses ruches dévastées par l'animal, qui trouvait là de quoi satisfaire son goût immodéré pour le miel. L'apiculteur avait pourtant utilisé les grands moyens pour faire partir le plantigrade : il avait installé près des ruches une chaîne hi-fi diffusant de la musique… « turbo-folk » serbe, façon Emir Kusturica. « Ça faisait de l'effet à l'ours, a raconté au procès le malheureux apiculteur. Mais dès que les piles étaient épuisées et que la musique s'arrêtait, l'animal se remettait à piller mes ruches. » La justice a statué : l'ours devra verser la somme de 2 238 euros à l'apiculteur, somme qui sera réglée en fait par l'État. Prudents, malgré tout, les juges avaient dispensé l'accusé d'assister à son procès… Depuis, d'ailleurs, l'ours a pris le large. Pourvu qu'on ne l'inculpe pas de… délit de fuite.

Elle fauche le chéquier… du juge !

Une jeune femme de 24 ans était convoquée au tribunal d'Alençon dans le cadre d'une affaire de vol. Elle se présenta, laissant ainsi penser qu'elle était innocente ou, tout du moins, qu'elle acceptait de coopérer avec la justice, ce qui est toujours bien vu de la part des juges. Hélas, son bon comportement prit fin d'une manière inattendue. En effet, tandis qu'elle sortait du bureau où elle avait été auditionnée, elle ne trouva rien de mieux à faire que… de dérober la sacoche d'un magistrat ! La sacoche contenait son carnet de chèques que la donzelle s'empressa d'utiliser pour diverses emplettes. Bien sûr, elle fut arrêtée et jugée séance tenante. Trois ans de prison dont la moitié ferme. Les matons ont intérêt à surveiller leurs effets personnels…

Regarder des films pornos, c'est taxant

Ferenc Hopka, un réalisateur de films pornographiques hongrois, a déclaré 14 000 euros de dépenses professionnelles pour les décors de ses films. Un tel montant a paru suspect à l'administration des impôts. Une équipe d'inspecteurs a donc été chargée de visionner chaque seconde de tous les films concernés pour vérifier la réalité des dépenses. « Le boulot est très dur, a reconnu Maria Nagy, la patronne du fisc régional. On voit beaucoup de chair et très peu de soie, et pourtant il nous faut déterminer si ce couvre-lit en soie est bien celui des factures. » Il est vrai que le cinéma porno n'est guère coutumier des plans larges.

Un drôle de paroissien !

On ne peut plus faire confiance à personne. Un homme qui souhaitait devenir prêtre comparaissait au tribunal de l'Est vaudois pour avoir plumé une riche paroissienne. La quarantaine, ce célibataire était conseiller de la paroisse et caissier de plusieurs associations sportives. Trop endetté pour entrer au séminaire, il décida d'ouvrir un petit kiosque. Officiellement, il occupait donc un emploi honnête, mais les choses dérapèrent lorsqu'il s'improvisa gestionnaire des biens d'une septuagénaire, croisée à l'église. « Au début, je voulais vraiment placer l'argent de cette dame. Puis, lorsque j'ai eu la procuration entre les mains, je me suis dit que j'allais en profiter. » Démoniaque. Toute la petite fortune de la dame y passera :

270 000 euros ! Tout cela pour alimenter son train de vie. La tentation devait être trop forte... Contre l'avis du Ministère public, l'homme a pourtant obtenu le sursis, s'engageant à rembourser l'équivalent de 500 francs suisses par mois pour toute pénitence. Reste pour lui à espérer que le Tribunal divin sera aussi magnanime...

Règlement de comptes entre croque-morts

Michael S., croque-mort en Bavière, est bien incapable de payer la totalité du prix de l'entreprise qu'il a rachetée durant l'été 2005 à Erich W. Pour régler ce petit problème, Michael a tout simplement décidé d'éliminer l'ancien propriétaire ! À l'aide d'un ami travaillant lui aussi dans les pompes funèbres, il l'a tué puis a fait disparaître le corps. En langage de croque-mort, cela signifie placer le cadavre dans un cercueil et le transporter en corbillard jusqu'au crématorium pour le brûler, grâce au certificat de décès d'une autre personne ! Finalement arrêtés par la police, les deux complices sont restés... de marbre.

Une lettre adressée au Ciel revient taxée

Ne parvenant pas à oublier sa mère, décédée il y a deux ans, Anaïs, 13 ans, décide de lui écrire un mot. Après avoir couché son chagrin sur le papier, l'adolescente adresse sa lettre ainsi : « rue du Paradis, au Ciel », puis dépose sa lettre, non affranchie, dans une boîte aux lettres de la Poste, « comme une bouteille à la mer ». Deux jours plus tard, la missive lui revient avec la mention « N'habite pas à l'adresse indiquée ». Effondrée, la jeune fille se voit en plus réclamer une taxe de 1,35 euro par le facteur. Pour se justifier, la Poste, interrogée par le *Journal de Saône-et-Loire*, a répondu que la commune de Ciel existait bien dans le département, mais que la rue du Paradis y était inconnue. Pas très poètes, les postiers !

Malvenue chez les Ch'tis

Il voulait parcourir à pied quatorze mille cinq cents kilomètres, il n'en aura effectué guère plus de trente. Mark Boyle, un Anglais de 28 ans parti de Bristol pour rejoindre Porbandar, en Inde, la ville natale de Gandhi, a dû abandonner son périple. Celui qui comptait sur la générosité des autochtones pour le gîte et le couvert, a en effet été contraint de renoncer « faute d'arriver à communiquer avec la population locale ». La mésaventure ne lui est pas arrivée dans des contrées exotiques... mais dans le Nord-Pas-de-Calais ! « Non seulement personne ne parlait anglais, mais en plus ils nous considéraient comme une bande de routards pique-assiettes, s'est lamenté sur son blog Mark Boyle. Cela nous a vraiment effrayés, étant donné que l'on n'avait pratiquement plus de nourriture, que nous n'avions pas dormi depuis plusieurs jours et que nous avions très froid, nous avons dû réévaluer l'ensemble de la situation. » Malgré sa déception, Mark Boyle a juré de repartir dès qu'il aurait appris le français. Mais arrivera-t-il à franchir le Nord-Pas-de-Calais sans connaître un mot de ch'timi ?

Jeu de nains, jeu de vilain

« Comment annoncer au plus vite l'ouverture de mon magasin ? » se demande un fabricant roumain de nains de jardin et autres figurines de Laurel et Hardy en plastique. Sa réponse surprenante a rendu grincheux et déclenché la colère des habitants de la petite ville de Lillieci. Cristi Birgu a, en effet, installé des figurines en plastique représentant des prostituées, plus vraies que nature, sur le bord de la route ! Une idée discutable... Birgu, le fabricant de nains, commence d'ailleurs à déchanter : « Mes filles (comme il appelle ses figurines) font plus klaxonner les camionneurs qu'amener des clients dans ma boutique. J'ai aussi peur qu'un automobiliste ou un motard n'ait un accident à cause d'elles. » Pas de doute, Birgu a bien choisi son métier, il a quelque chose de Simplet...

Un parking vaut-il une messe ?

Josef Duglosz, 75 ans, le vieux fidèle de la paroisse du Père Piotr Lenart à Deszkowice en Pologne avait d'abord cru que le prêtre faisait un malaise lorsque, quinze minutes après le commencement de la messe, celui-ci n'avait pas encore dit une parole ni fait un geste. Pendant un quart d'heure le père Lenart était resté droit comme un piquet, à regarder ses fidèles, quand il leur dit qu'il se mettait en grève car les paroissiens ne lui donnaient pas assez d'argent pour faire reconstruire... le parc de stationnement de l'église ! On se demande ce qu'en pense le Seigneur.

« Tu seras un jerrican, mon fils »

Un jeu diffusé sur une radio locale américaine propose de faire gagner 100 dollars d'essence à celui ou celle qui trouve le meilleur slogan pour la compagnie pétrolière Dixon and Willoughby. Aussitôt entendu, aussitôt décidé : David Partin, un agriculteur d'Orlando (Floride), qui venait juste d'avoir un bébé, a décidé d'appeler son fils Dixon and Willoughby Partin. Charmant ! Le père qui, du coup, a empoché 50 dollars de fuel, s'est confié à la presse : « Les temps sont durs, les mecs ! Avec l'essence gagnée, je vais au moins faire marcher la bagnole pendant deux semaines ! » La mère du bébé, Samantha, confirme : « Nous nous étions mis d'accord : si nous avions un garçon, c'est David qui choisissait le prénom. Si c'était une fille, c'est moi qui décidais. Mais je suis d'accord avec le choix de mon mari ; quand notre fils sera grand, il aura quelque chose à raconter sur son nom, tandis que moi, avec un prénom comme Samantha, je n'ai jamais rien eu à raconter... » Sinon d'avoir donné naissance à un petit Dixon and Willoughby Partin !

Le palmarès des PV les moins mérités

Le quotidien britannique *Daily Mail*, pour aider ses lecteurs à rester calmes après avoir reçu une amende de stationnement, a recensé les PV les plus idiots jamais infligés en Grande-Bretagne. Ainsi, Nadhim Zahawi, un adepte londonien du scooter, avait été renversé par une voiture. Alors qu'il gisait sur la chaussée, un préposé au stationnement a collé une amende de 100 livres sur l'épave du scooter. Mike Collins, un chauffeur de camion, a été verbalisé quand son engin est tombé dans un cratère causé par un effondrement souterrain. Nicky Clegg, elle, conduisait quand un arbre s'est abattu sur sa voiture. L'épave, assurèrent les policiers, pouvait être laissée au bord de la route, mais en revenant la faire remorquer le lendemain, Clegg a trouvé un PV sur le pare-brise. Un moniteur d'auto-école a été mis à l'amende quand son élève a calé et n'a pas réussi à redémarrer... alors que le véhicule était à plus de cinquante centimètres du trottoir. Enfin, un camion de don du sang a été verbalisé alors qu'on procédait... à une collecte.

Une fugue à 10 000 dollars

Puni pour ne pas avoir fait ses devoirs, un gamin indonésien de 9 ans s'est enfui de chez lui en emportant le sac de dollars destinés à payer le pèlerinage à La Mecque de son père. Pendant quatre jours, le garnement a déambulé dans les rues de Jakarta. Il s'est offert les services d'un garde de sécurité pour changer à sa place les dollars en roupies, avant de s'en payer une belle tranche. Jouets à gogo, PlayStation 3 flambant neuve, parties dans des salles de jeux, gadgets en tout genre, le jeune fugueur ne s'est privé de rien. Lorsqu'il a enfin été retrouvé, l'enfant n'avait plus un sou sur lui : il avait dilapidé les 10 000 dollars paternels ! Allah lui pardonnera peut-être, mais son père...

Le *Lac des cygnes* manquait de... cygnes

Bien sûr, les compagnies de ballet s'attendent à trouver des passionnés de chorégraphie parmi leur public, mais sans doute pas d'aussi pinailleurs que Florin Balescu, un Roumain de 48 ans. Après avoir assisté à une représentation du *Lac des cygnes* de Tchaïkovski à l'opéra national de Bucarest, ce grand amateur de ballet a porté plainte auprès du service de protection des consommateurs. « Tchaïkovski avait expressément spécifié qu'il doit y avoir vingt-quatre cygnes sur scène, affirme-t-il. Or, je n'en ai compté que seize. » On suggère aux autorités roumaines de s'inspirer de Salomon, et de faire rembourser à Balescu... un tiers du prix de sa place.

Quand la pub perd la boule

Les villes sont-elles tellement saturées de panneaux publicitaires qu'il faut trouver de nouveaux emplacements ? La compagnie aérienne Air New Zealand a en tout cas décidé de lancer une campagne de pub imprimée… sur le crâne d'hommes chauves ! Un appel aux volontaires est donc lancé, à condition d'être chauve et de prendre souvent l'avion. La campagne a pour but de vanter les nouveaux services d'enregistrement rapide de la compagnie. Quoi de plus original qu'une telle annonce lue sur la tête de la personne nous précédant dans la queue avant l'embarquement ? Pour quinze jours d'affichage, les volontaires toucheront la somme de 1 000 dollars néo-zélandais (465 euros). Ceux qui n'arrivent pas à joindre les deux bouts cesseront de se faire des cheveux…

Virginité à vendre pour cause d'études poussées

Vous souvenez-vous de cette jeune Américaine qui avait mis sa virginité à vendre sur Internet pour financer ses études ? Eh bien, les enchères ont atteint un montant record : 2,8 millions d'euros ! Selon Nathalie Dylan, 22 ans et étudiante en master de thérapie, dix mille hommes se seraient proposé de payer pour avoir une relation sexuelle avec elle. Si l'idée peut sembler scandaleuse, la jeune femme n'a fait que suivre l'exemple de sa sœur aînée, Ava, 23 ans, qui avait payé son propre master en se prostituant pendant trois semaines. Pour Nathalie, « vendre sa virginité, ce n'est pas se vendre soi-même », ce qui compte, ce sont ses études. Elle considère qu'elle-même et l'autre personne y trouveront chacune leur compte. On n'imaginait pas que sous nos latitudes, la virginité ait autant de valeur...

Faute de dentiste, il se rabat sur une bonne paire de pinces

Ancien soldat de Sa Majesté, Ian Boynton, 42 ans, ne roule pas sur l'or. Du coup, quand une dent a commencé à lui faire mal, il a demandé un rendez-vous avec un dentiste au titre du NHS, l'assurance-maladie britannique, dont les soins sont gratuits... mais difficiles d'accès. « En huit ans, j'ai contacté plus de trente dentistes, qui ont tous refusé de prendre un patient du NHS, explique-t-il. Du coup, il y a deux ans, quand la douleur dans une dent de devant est devenue franchement insupportable, je me la suis arrachée avec une pince. Depuis, j'en ai arraché encore douze. Avec celles qu'on m'a enlevées à l'armée, il ne m'en reste plus que deux sur la mâchoire supérieure, ce qui n'est pas commode pour manger. » Heureusement, Boynton vient de trouver un dentiste qui accepte de le soigner. « Je suis ravi, parce qu'autant je sais m'enlever des dents, autant je n'ai aucune idée de comment fabriquer un dentier. »

L'année de toutes les gaffes pour les patrons américains

Le magazine économique *Portfolio* a recensé les erreurs les plus spectaculaires de l'industrie américaine en 2008. Les Oscars vont aux constructeurs automobiles de Detroit et aux dirigeants d'AIG, la grande compagnie d'assurances. Les PDG de General Motors, Ford et Chrysler, qui avaient rendez-vous à Washington pour demander au Congrès de les renflouer à coups de milliards de dollars, sont venus de Detroit chacun dans… son propre jet privé. Bien entendu, les élus ont couvert les quémandeurs d'opprobre et ont rejeté le plan de secours. Du coup, quand ils sont revenus, le chapeau à la main, quelques semaines plus tard, les PDG ont pris soin d'arriver au Capitole en voiture verte. Les dirigeants d'AIG, pour leur part, ont dû avouer qu'une semaine à peine après avoir reçu 85 milliards de dollars d'argent public, ils s'étaient réunis pour un « séminaire de vente » dans un palace californien, pour la bagatelle de 500 000 dollars. Et une semaine plus tard, on apprenait que quelques pontes d'AIG étaient allés chasser le pigeon en Angleterre, le temps d'un week-end. « Cela n'a coûté que 86 000 dollars », a plaidé un porte-parole. Les petits salariés apprécieront…

Chapitre V

L'envie

La fin justifie les moyens, dit l'adage. Les tribunaux pardonnent en général la passion et l'envie. Récemment interrogé tandis que nous élaborions ces pages, un magistrat de renom nous expliqua que l'envie se pardonne juridiquement car les auteurs de crimes ou de délits dus à l'envie sont rarement récidivistes. Dont acte. Toujours est-il que dans nos pages, l'envie constitue un fleuron d'ingéniosité pour les malfrats de tous bords.

Jouer à la PlayStation tue

« Vous souffrez d'une Palmare PlayStation Hidradenitis, arrêt total de jeu vidéo pendant dix jours. » Tel est le verdict de Vincent Piguet, professeur des hôpitaux universitaires de Genève, après avoir ausculté une jeune fille de 12 ans, victime d'une inflammation de la peau. Lorsque l'adolescente s'est enfin décidée à consulter son médecin, elle souffrait de lésions sur la paume des mains depuis quatre semaines. L'origine de la maladie ? L'utilisation excessive d'une manette de jeu. Pour le professeur Piguet et son équipe, c'est certain, la crispation des mains sur la manette et l'appui frénétique sur les touches ont provoqué de minuscules blessures cutanées, qui se sont aggravées avec la transpiration pour former de gros nodules rouges spectaculaires et douloureux. Cette nouvelle affection fut donc très sérieusement baptisée « Palmare PlayStation Hidradenitis ». À quand le slogan « À consommer avec modération » sur les emballages de consoles ?...

Licencié pour avoir pris une photo d'un pénis

Le Dr Adam Hansen, du prestigieux hôpital Mayo, à Scottsdale dans l'Arizona, est considéré comme l'un des meilleurs chirurgiens de l'État. Pourtant, il a été d'abord suspendu puis licencié. La faute du Dr Hansen ? S'être servi de son téléphone mobile, au cours d'une opération sur une vésicule biliaire, pour prendre une photo du pénis de Sean Dubowik, propriétaire d'un club de striptease, sur lequel étaient tatoués les mots *Hot Rod* (« barreau chaud »). Inutile de préciser que la photo a rapidement fait le tour d'Internet. Du coup, le chirurgien s'est senti obligé de prévenir Dubowik, qui a très mal pris la chose. « Je m'étais fait faire ce tatouage pour gagner un pari de 1 000 dollars, a-t-il raconté au quotidien *Arizona Republic*, mais pas pour l'amusement de millions de gens. Je me sens trahi, violé et dégoûté. » Et en plus, sous anesthésie générale, un homme n'est guère à son avantage...

Envie que les femmes reviennent

En France, on se plaint de l'indigence de la télé. C'est pourtant simple de passer une bonne soirée : il suffit de prendre exemple sur un programme de la chaîne publique canadienne CBC. On a installé des caméras dans une petite ville, puis toutes les femmes sont parties pour une semaine de vacances. Ne restait plus qu'à filmer la vie des hommes et des enfants. Les téléspectateurs ont bien rigolé. « Ça a été un désastre, un désastre complet », a avoué l'un des « survivants ». Un autre, qui n'avait jamais pris le temps d'épouser la mère de ses trois enfants, lui a demandé sa main dès son retour. « Nous avions tout préparé, a dit le maire de la ville (père de trois enfants), mais nous n'avons pu faire que ce qui était en notre pouvoir. » Autrement dit, pas grand-chose. Certaines personnes ont trouvé que ce programme était « sexiste », et qu'il n'est pas nécessaire de souligner l'importance de la femme dans la société canadienne. Rappelons cependant que 70 % des foyers y sont dirigés par des femmes, dont la majorité ont également un job à plein temps. On le sait, ce genre de statistiques ne vaut pas pour la France, pays de la liberté, de l'égalité, de la fraternité et du « Qu'est-ce que t'as fait à manger ce soir, chérie ? »…

Mauvaise pioche pour le paysan qui avait envie d'une femme

On peut comprendre que Wolfgang Zober, un agriculteur allemand âgé de 55 ans, ait eu recours à Internet pour se trouver une épouse. « Je passe mes journées dans les champs, alors je ne rencontre pas beaucoup de femmes, a-t-il expliqué. Un ami m'a conseillé de chercher sur le Web ; j'ai été ravi d'entrer en relation avec Randy Victoria, et encore plus quand j'ai vu ses photos. Elle en connaissait un rayon sur l'agriculture. Nous nous sommes rencontrés, elle était aussi belle qu'en photo, je lui ai demandé de m'épouser et elle a dit oui. Ce n'est qu'au moment de nous mettre au lit pour la nuit de noces qu'elle m'a appris qu'elle avait un pénis, et que son véritable prénom était Ralf. Scié, j'ai demandé le divorce le lendemain. De tout ce qu'elle m'a raconté, une seule chose était vraie : elle avait deux enfants. Mais elle est le père, pas la mère. » Comme quoi, il vaut mieux vérifier deux ou trois trucs avant le mariage...

Un marié se marie... en robe de mariée

Depuis ses 6 ans, Dean Dudley savait qu'il voulait s'habiller en femme. Pendant près de trente ans, il a caché à sa famille et à ses camarades de bureau qu'il aimait par-dessus tout se transformer en « Deanna » avant d'aller courir les boîtes de nuit pour travestis du Yorkshire. C'est justement dans les toilettes pour femmes d'un restaurant de Barnsley que Dean fait la connaissance de Robyn, 28 ans. « Deanna » révèle à Robyn qu'il s'appelle vraiment Dean, mais elles se plaisent, elles se revoient, et elles décident de se marier. Un événement libérateur pour Dean : ayant invité sa famille et ses amis à la noce, il les accueillit... en robe de mariée en dentelle blanche. « Ma mère a été plutôt bien, a-t-il raconté à la chaîne Sky TV. Elle a parfaitement accepté, même si elle n'a pas l'habitude de parler de choses comme ça. » Tant que cela ne l'a pas empêchée de crier « Vive les mariées ! »

Les riches Indiens veulent vivre comme des paysans pauvres

À quelques kilomètres de Bangalore, la capitale indienne des nouvelles technologies, existe un village factice de pauvres paysans. Hessargatta est né d'une idée de

Ram Kumar, qui a compris que ce que désirent les nouveaux riches de l'Inde, c'est de retrouver leurs racines rurales. Pour 120 euros par nuit, les clients peuvent vivre dans des huttes sans électricité, et s'occuper à traire les vaches ou à surveiller les canards, dindes et autres poules. Pour se distraire, il y a des jeux traditionnels, des cerfs-volants et des promenades en char à bœufs. Il y a même trois lieux de culte, un hindou, un musulman et un chrétien. « Ce qu'apprécient par-dessus tout les gens aisés qui viennent séjourner ici, explique Kumar, ce sont les dindes : les seules fois qu'ils en voient, c'est sur leur table au moment des fêtes de fin d'année. »

Un supermarché attaqué grâce à Facebook !

À Rodez, on n'en revient toujours pas ! Il faut dire que c'est bien la première fois qu'un tel événement se produit dans la préfecture de l'Aveyron. Mercredi 14 janvier, 16 h 30, dans le centre-ville. Une centaine d'adolescents déferlent dans le supermarché *Monoprix*. C'est tout de suite la pagaille : « Les jeunes se sont dispersés dans les étals et plusieurs vols ont été commis, raconte le chef de cabinet du préfet. Ils ont ensuite visité d'autres commerces de proximité, et ont dégradé du mobilier urbain sur leur passage. » La police, qui a interpellé une dizaine de ces voyous, s'interroge : qui est à l'origine du cyclone ? L'enquête a révélé que ce rassemblement a été orchestré sur Internet via le site Facebook. L'initiateur de ce raid a réussi à mobiliser une centaine de jeunes avec l'objectif d'occuper le *Monoprix*. Son but ? Protester contre la réforme du lycée. C'est du moins ce qu'il a fait savoir aux ados une fois réunis. Roland Geniez, président du syndicat lycéen de Rodez, est sceptique : « Le leader a utilisé ce prétexte pour donner plus de crédibilité à son acte. » Intervenu pour dénoncer l'« attaque Facebook », il ne pense pas que cet événement desservira le mouvement lycéen. Internet, décidément, ça sert à tout.

Le braqueur surarmé se tire une balle dans le pied

Pour braquer une supérette de Cherryville, en Caroline du Nord, Kelvin Roberts avait pensé qu'il valait mieux avoir la puissance de feu de son côté. Il a donc modifié son pistolet calibre 45 pour pouvoir tirer des cartouches de fusil de chasse, puis il s'est rendu au magasin, où il a exhibé son arme et a exigé le contenu de la caisse. Jusque-là, tout se passait comme prévu. Mais le scénario du crime parfait a dérapé : en prenant l'argent que lui tendait la caissière,

Roberts a laissé tomber son pistolet, et un coup de feu est parti… l'atteignant au pied. Comme quoi, « se tirer une balle dans le pied » n'est pas qu'une image.

Les cambrioleurs tombent sur une… descente des stups

Le détective Paul Cassidy, de la police de Melbourne en Australie, en rigole encore. « Mon équipe avait vraiment envie de réussir un beau coup, alors nous étions ravis de recevoir une info intéressante sur un trafic de drogue. Vers minuit, nous avons enfoncé la porte d'une maison dont le propriétaire cultivait du cannabis, a-t-il raconté au quotidien local, *The Herald Sun*. Nous venions de lui passer les menottes quand nous avons entendu un drôle de bruit en provenance de la cuisine : il s'agissait de deux cambrioleurs qui voulaient voler la récolte. Ils se sont enfuis en nous voyant, mais nous avons réussi à les rattraper et les arrêter. » Comme quoi, une interpellation peut en cacher… deux autres.

Papy-braqueur en fauteuil roulant

Un type se présente à la caisse d'une banque de la ville de Palo Alto, en Californie, menace un employé avec un pistolet et lui demande de lui remettre l'argent liquide qu'il a en caisse. L'employé s'exécute, le type part de la banque les poches pleines. Banal, direz-vous. Certes, à ceci près que le braqueur a commis son crime en… fauteuil roulant, et que les témoins de la scène situent son âge entre 65 et 70 ans ! Les caméras de sécurité de la banque n'ont enregistré qu'une image floue du filou, car celui-ci avait en partie caché son visage avec la capuche de son sweat-shirt. La police court toujours.

On a encore volé l'épée de Jeanne d'Arc

Les touristes visitant la cathédrale de Reims doivent se poser des questions. Sur le parvis, une statue équestre représente Jeanne d'Arc le poing levé, un peu comme si elle entonnait l'*Internationale*. La vérité est hélas beaucoup plus triste. En effet, pour la quatrième fois depuis 2002, des petits malins ont dérobé l'épée de bronze que la pucelle est censée brandir fièrement. La mairie n'en peut plus, car chaque moulage d'une nouvelle épée coûte au bas mot 5 200 euros. En ce qui concerne le dernier vol, les auteurs ont été identifiés : il s'agit de quatre habitués d'un centre psychiatrique. Pour leur défense devant le tribunal, on leur suggère d'affirmer qu'ils ont entendu des voix leur ordonnant de voler l'épée...

Par erreur, il braque... sa fille

Stephanie Martinez, une jeune Texane de 19 ans, travaille comme serveuse dans un restaurant de Denton. En début d'après-midi, un homme portant une perruque et de grosses lunettes de soleil fait irruption dans l'établissement. Armé d'un revolver, il exige la caisse. Stephanie cherche à gagner du temps afin qu'un client costaud qui lui avait fait un signe parvienne à ceinturer le malfrat par-derrière. La ruse fonctionne et le braqueur est désarmé. Dans la bagarre, il perd son déguisement, mais parvient à s'enfuir en voiture. C'est alors que Stephanie pousse un cri. Les clients tentent bien de la calmer en lui disant que tout est fini, mais « Ce n'est pas ça, hurle-t-elle. Le braqueur… c'est mon père ! » Autant dire que la police n'a eu aucun mal à retrouver le gangster. C'est la visite au parloir qui risque d'être cocasse.

Quand CBS avait une sacrée envie de scoop

Don Hewitt, le fondateur du célèbre magazine télévisé américain « 60 Minutes », a pris sa retraite depuis quelques années, mais il continue à faire les délices des jeunes journalistes. Ainsi, à l'occasion d'un colloque récent, il a avoué avoir ordonné à son envoyé spécial, Dan Rather, d'aller voir Abraham Zapruder, l'homme qui avait filmé sur

sa petite caméra d'amateur les seules images de l'assassinat du président John Kennedy à Dallas, en 1963. « Tu lui fous un coup de poing dans la gueule, avait-il dit à Rather, tu lui piques son film, tu le fais copier rapidement, tu lui rapportes l'original, et tu t'excuses platement. » Heureusement, Rather n'a pas osé obéir à Hewitt.

Pour alimenter sa chronique de faits divers : il tuait lui-même

Ouf ! L'un des plus dangereux tueurs en série des Balkans vient d'être arrêté. Vlado Taneski, un Macédonien de 58 ans, a enlevé, violé, tué et découpé trois jeunes femmes avant de disséminer leurs restes dans diverses rivières locales. Ses crimes étaient parfaits. Alors, quel détail a bien pu trahir l'ogre ? La réponse est insolite : Taneski était le rédacteur en chef de la rubrique « Faits divers » du plus grand quotidien de Macédoine ! Autrement dit, il passait son temps à enquêter sur ses propres crimes. Les policiers ont commencé à avoir des soupçons lorsqu'ils ont remarqué qu'il fournissait, dans ses articles, des éléments et des détails des crimes connus de lui seul. Même Alexandre Dumas n'aurait pas songé à imaginer un tel personnage. Taneski s'est suicidé en prison. Il s'est noyé dans une bassine. Les responsables de la rubrique « Ils l'ont fait » de *Marianne* jurent que leur travail ne les incite pas à commettre des meurtres en série... et se désolidarisent complètement de ce « pittoresque » confrère.

Le gang des brouettes arrêté

Ce sont quatre Dalton des temps modernes qui ont été condamnés la semaine dernière pour une série de vols commis dans la campagne des environs de Reims. Métaux, tondeuses, tronçonneuses : tout matériel agricole qui leur tombait sous la main était bon à prendre. Un butin que les jeunes transportaient... en brouette ! Bien curieuse méthode, mais pourtant lucrative : pas moins de treize exploitations avaient été visitées par la petite bande, qui n'aurait guère pu s'aventurer plus loin, vu qu'elle agissait à pied. Deux des voleurs ont écopé d'une peine de prison avec sursis et d'une amende, les deux autres de trois et quatre mois de prison... « ferme » !

Ils avaient envie de voir le match, alors ils braquent un bus !

Comment aller au match de foot quand on n'a pas réservé de bus ? En détourner un, bien sûr ! C'est ainsi qu'ont raisonné une centaine de supporters violents de l'équipe argentine de River Plate, à Buenos Aires. Ils se sont rendus à la gare de Retiro, dans le centre de la ville, et ont pris un bus d'assaut. Sous la menace d'armes blanches, ils ont fait descendre tous les passagers du bus et ont forcé le chauffeur à les conduire jusqu'au stade où jouait leur équipe. On les félicite d'être devenus les favoris du concours des « supporters les plus crétins de l'année ».

Envie de la voiture de Dany Boon ? Une ch'tite erreur

Le tribunal correctionnel d'Amiens jugeait un certain Jimmy Hornec, récidiviste, pour tentative de vol de voiture en 2002. Jusqu'ici, rien que de très banal, mais il se trouve que la victime n'est autre que... Dany Boon. Celui-ci revenait d'un gala à Lille en compagnie de son régisseur à bord de sa puissante berline, lorsqu'une voiture munie d'un gyrophare lui intima l'ordre de s'immobiliser sur la bande d'arrêt d'urgence. Dany Boon s'exécuta, pensant à un simple contrôle de routine. En fait de policiers, les deux hommes qui les « contrôlaient » étaient des voleurs de voitures ! Et lorsque notre « biloute » national tenta de faire descendre son chien de la banquette arrière, un des voleurs le frappa au visage. Heureusement, la voiture, équipée d'un système de sécurité, cala quelques mètres plus loin. Les voleurs prirent la fuite, mais Dany Boon avait eu tout le loisir de les observer. Hornec a donc beau clamer son innocence, cette ch'tite récidive risque de lui coûter cher...

Il conduisait un poids lourd sans permis... ni mains

On comprend la stupeur qui s'est emparée d'une escouade de policiers chargés de la surveillance routière quand ils ont arrêté un camion surchargé à la sortie de la ville de Jimo, en Chine. « Quand nous sommes arrivés à la hauteur de la portière du chauffeur, a expliqué l'un des agents au journal local, nous avons constaté qu'il n'avait pas de mains. » Le chauffeur, un certain Zhang, également dépourvu de permis, leur a raconté qu'il avait perdu ses mains dans un accident avec des pétards, à l'âge de 12 ans, mais qu'il savait conduire. « Six auto-écoles ont refusé de me prendre pour élève, mais j'ai appris grâce aux jeux vidéo, où je suis champion. » Le plus fort, c'est que la police, attendrie par le cas de Zhang, ne lui a infligé qu'une amende de 20 euros, au lieu des quinze jours de prison dont il était passible.

La souris qui veut accoucher d'une montagne

Vous avez aimé les Jeux olympiques d'hiver de Turin ? Ceux de Calgary ou d'Helsinki ? Alors en 2018, il est possible que vous vous passionniez pour les JO de... Pelvoux-Écrins ! Cette petite station des Hautes-Alpes est en effet entrée dans la course à la candidature pour les Jeux olympiques d'hiver de 2018. Pelvoux, quatre cents habitants et huit remontées mécaniques, est un village petit, mais costaud ! « Au départ, c'était la ville de Gap qui devait être candidate mais l'instigateur du projet n'a pas été élu aux dernières municipales. Or Pelvoux étant le point culminant des Alpes du Sud, les organisateurs du projet se sont tournés vers nous », nous explique Gérard Sémiond, maire de la commune. Histoire de muscler le projet, Jean-Marc Passeron, président du comité de candidature, et ses collaborateurs, entendent utiliser les infrastructures ferroviaires et aéroportuaires de Marseille et Aix-en-Provence ainsi que les pistes de bobsleigh, de luge et de *skeleton* construites pour les Jeux de Turin en 2006. « Toutes les compétitions pourraient donc se dérouler dans un périmètre de quatre-vingts kilomètres. Il ne manque plus que la construction d'une patinoire », insiste Gérard Sémiond. La cérémonie d'ouverture, qui pourrait jouer avec la magie du lac de Serre-Ponçon, ne nécessiterait pas la construction d'un stade. Dernier atout de taille : la candidature de Pelvoux a reçu le soutien des plus grands athlètes français, dont celui de la slalomeuse Carole Merle, et de l'enfant du pays, le skieur Luc Alphand. La réponse de la sélection française est attendue en mars 2009, avec en compétition, Grenoble, Annecy, et Nice. La décision finale du CIO sera rendue quant à elle en 2011. Ça a foiré, mais Pelvoux ne s'en fait pas une montagne. Après tout, les JO d'hiver ont lieu tous les quatre ans, alors…

La moissonneuse au long cours, ça n'existe pas

On sait comment conduisent les Allemands sur les routes : à fond la caisse. C'est pour cette raison que la police allemande a interrompu la gentille balade d'Arnold Gerber,

28 ans, parti rendre visite à l'un de ses amis qu'il n'avait pas vu depuis longtemps. L'ami habitait à deux cent quatre-vingts kilomètres mais Arnold a dû stopper son voyage au bout de cinquante kilomètres, trajet qui lui avait pris une nuit entière et causé quelques ralentissements aux autres automobilistes. Il faut dire qu'Arnold conduisait une... moissonneuse-batteuse. Son explication a été simple : il avait envie de voir son copain, et s'il a son permis tracteur, il n'a jamais réussi à obtenir son permis auto !

Les Massaïs du marathon priés de laisser les sagaies à la maison

Six guerriers massaïs de Tanzanie avaient décidé de prendre part au marathon de Londres, afin de financer l'adduction en eau potable dans leur village. Du coup, l'ONG qui les parrainait, Greenforce, a jugé plus prudent de leur distribuer un manuel de bonne conduite dans les rues de la capitale britannique. Florilège : « Si vous ressentez un besoin naturel, ne cherchez pas le buisson le plus proche, mais demandez où sont les toilettes publiques. » « Si vous voyez quelqu'un qui porte quelque chose qui vous plaît, comme un bracelet, ne vous en emparez pas : le propriétaire pourrait s'en offusquer. » « Si vous apercevez des vaches ou des moutons, ne les emmenez pas avec vous, car ces bêtes appartiennent à quelqu'un. » « Ne vous offusquez pas des tenues minimalistes que portent les gens en Angleterre : même si vous trouvez qu'il fait froid, c'est normal. En revanche, il est illégal de montrer certaines parties de votre anatomie, donc si vous courez avec la couverture traditionnelle, pensez à mettre un sous-vêtement. » Et enfin : « Beaucoup d'Anglais boivent de l'alcool le soir, et peuvent sembler différents ou plus stupides, mais vous vous en êtes sans doute déjà aperçus avec les volontaires de Greenforce. »

Qui a envie de voir la Vierge risque sa vue

Énorme affluence aux urgences de l'hôpital du district de Kottayam, en Inde. Quarante-huit personnes poireautent dans la salle d'attente, les rétines brûlées par les rayons du soleil. Séances de bronzage exagérées ? Non, il s'agit de quarante-huit croyants qui avaient scruté le ciel pendant de longues heures, persuadés que la Vierge Marie allait leur apparaître. Un hôtelier avait en effet affirmé que les statues de la Madone, dans sa maison, avaient pleuré du miel, saigné de l'huile et du parfum et que la Vierge allait se montrer dans le ciel. Alarmées, les autorités sont intervenues pour dissiper cette rumeur d'une apparition et alerter la population sur les dangers de fixer le soleil. Même les églises de la région ont désavoué le miracle. Malgré cela, des croyants ne cessent d'affluer autour de l'hôtel... dont le propriétaire s'est enfui. Quant aux victimes, elles méditent sur les aveuglements de la foi...

À pourvoir : poste de déesse

Cette annonce ne s'adresse qu'aux jeunes filles prépubères. Les religieux de la ville médiévale de Bhaktapur, dans la vallée de Katmandou, au Népal, sont à la recherche d'une nouvelle *Kumari*. La *Kumari* est l'incarnation de la déesse Taleju. Le poste consiste à se faire vénérer toute l'année et à être promenée dans les rues de la ville le jour de la grande fête locale. Ces dernières années, la jeune Sajani Shakya occupait la fonction mais, ayant atteint l'âge de 11 ans, elle a tout naturellement été mariée à un *bael* (une sorte de pamplemousse, fruit préféré de la déesse Shiva). Donc si vous êtes jeune, narcissique et que passer le restant de vos jours avec un agrume pour mari vous tente, courez à Bhaktapur !

35 millions de dollars pour le mauvais goût de Saddam Hussein

En 1981, le dictateur irakien Saddam Hussein avait voulu faire comme ses voisins les émirs du golfe Persique, et s'offrir un yacht de luxe. Construit au Danemark, long de quatre-vingt-deux mètres, le *Qadissiyet Saddam* est, bien entendu, doté de plusieurs piscines, d'un hélicoptère, de robinets en or massif et déborde d'acajou, mais offre également quelques équipements fort utiles, notamment une salle d'opérations chirurgicales et un tunnel caché qui mène à un... sous-marin miniature. Le gouvernement irakien actuel a décidé de mettre le *Qadissiyet Saddam* en vente et espère en tirer 35 millions de dollars. Il est vrai que le yacht n'a pas de salle de sport, ne peut accueillir qu'un seul hélicoptère, et que la décoration est d'un goût douteux, mais les brokers affirment que l'identité de son précédent propriétaire sera un atout lors de la vente aux enchères. On se demande bien pourquoi...

Quand les adultes ont envie de jouer à la guerre…

Dans la bourgade allemande de Beerfelde, ce n'est pas le tourisme vert qui draine les foules mais le tourisme kaki. Depuis que les frères Hayde ont ouvert leur base de loisirs de huit hectares et demi en 2003, les vacanciers du monde entier se pressent pour « avoir la chance » de piloter de vieux blindés datant du bloc communiste. Chaque année, ils seraient ainsi près de dix mille à débourser 136 euros pour faire vrombir pendant une demi-heure les monstres d'acier de trente-quatre tonnes, le tout dans un monumental nuage de poussière. Et pour que le plaisir soit complet, l'école de conduite propose même de fournir des épaves à écraser joyeusement, moyennant un supplément bien entendu. Enfin, cerise sur le gâteau, grâce à la caméra embarquée fixée dans l'habitacle, les touristes peuvent repartir avec le DVD de leurs exploits. La projection des films de vacances risque d'être plus redoutable que jamais !

Envie d'amour, envie de feu

Le pompier américain Laurence Waterhouse est un jeune homme romantique et… doué pour la décoration : pour faire sa demande en mariage à son amie, il a planté des chandeliers dans son jardin, illuminé la gloriette de multiples bougies, accroché des flambeaux aux branches des arbres. Bref, le décor est superbe et la demoiselle accepte illico de convoler avec le pompier-paysagiste-décorateur. Le lendemain matin, de très bonne heure, le jeune couple quitte le domicile pour un court voyage. Lorsque le voisin de

Laurence Waterhouse se réveille à 7 heures, il voit le jardin du pompier… en feu. Laurence a oublié d'éteindre une partie des bougies. La gloriette est carbonisée. On laisse le dernier mot au sentimental chef des pompiers de Chappaqua, dans l'État de New York, qui a dû éteindre l'incendie : « J'en ai vu des feux, j'en ai vu des bougies accrochées dans des arbres, mais je ne me souviens pas d'avoir vu quelque chose d'aussi romantique. » Et dire qu'il ne restait que des cendres…

Un archéologue tombe amoureux d'une statue

Lors de fouilles menées en 1913, l'archéologue allemand Ludwig Borchardt était tombé sur un buste peint de la reine égyptienne Néfertiti, l'épouse du pharaon Akhenaton, surnommé le « Roi Soleil », quelque trois millénaires avant Louis XIV. La magnifique sculpture, exposée depuis au musée égyptien de Berlin, attire un demi-million de visiteurs par an. Mais voilà : on vient de retrouver dans les archives de l'Institut oriental allemand l'aveu de Borchardt : alors qu'il avait promis de partager son butin archéologique avec l'Égypte, il a caché le buste de Néfertiti sous une fausse description afin de le garder. « Elle est trop belle, écrit-il dans son journal. Je ne peux m'en séparer. » Heureusement que l'archéologue est mort depuis belle lurette, les autorités égyptiennes comptent s'appuyer sur son journal pour réclamer le retour de Néfertiti dans sa patrie d'origine…

Quinze mille kilomètres pour voter

C'est ce qui s'appelle avoir une vraie conscience citoyenne. Un couple d'Américains expatriés en Inde a parcouru quinze mille kilomètres pour remplir son devoir électoral aux présidentielles de son pays ! Bien qu'ayant accompli toutes les démarches possibles pour voter par correspondance, ils n'ont jamais reçu les papiers nécessaires. Qu'à cela ne tienne, hyper motivés, ils ont décidé d'annuler leurs vacances pour rentrer aux États-Unis. Vingt-deux heures d'avion, quinze mille kilomètres parcourus, 5 000 euros de frais : rien n'a pu les arrêter. Le couple considère que « l'apathie ne fonctionne pas dans une démocratie ». L'histoire ne dit pas s'ils ont voté démocrate ou républicain. En tout cas ils méritent un prix du civisme.

Chapitre VI

La colère

Vous connaissez tous cette phrase ayant valeur d'excuse (dans la vie courante comme dans les tribunaux) : « C'est un coup de sang. » Mais aussi légitime soit-elle, la colère entraîne parfois l'homme dans les abîmes de la bêtise. Les protagonistes de ce chapitre ne sont pas de mauvais bougres. Confrontés à des situations inhabituelles, ils ont toutefois adopté un comportement insolite. Mais voyez-les plutôt...

Bataille de prêtres à Bethléem : sept blessés

Au lendemain de la douce nuit de Noël, tandis que paix et amour devaient régner dans la ville natale du Christ, les prêtres catholiques, orthodoxes et arméniens, qui partagent la gestion de la basilique de la Nativité, avaient comme chaque année la charge d'effectuer le nettoyage annuel du saint lieu. Arrivés les premiers, les orthodoxes installèrent de grandes échelles pour laver le plafond. Or, cette tâche revient traditionnellement aux Arméniens. Se sentant insultés par cette ingérence des orthodoxes, les Arméniens, sitôt arrivés, se jetèrent sur leurs « collègues ». À coups de balais et de barres de fer, les prêtres se livrèrent à une véritable bataille. La police eut bien du mal à séparer les combattants en soutane. En tout, sept blessés (dont deux policiers) furent à déplorer. Bref, cette année à Bethléem, si l'amour du prochain fit défaut, il y eut bel et bien multiplication... de pains.

D'un choc à la tête à un examen rectal à une paire de menottes

Brian Persaud, un ouvrier qui travaillait sur un chantier de construction à New York, est blessé à la tête par la chute d'une planche en bois. Il est transporté à un hôpital proche, où les médecins l'auscultent, et lui annoncent qu'on va lui pratiquer, par précaution, un examen rectal. « Les gars comme moi, on ne leur met rien dans le cul ! » éructe Persaud avant de mettre un direct du droit dans la figure du pauvre toubib. Inculpé de coups et blessures, Persaud ne regrette rien. « Ce qu'il me fallait, c'est huit points de suture, pas un doigt dans le cul. Le juge comprendra sûrement ça. »

Le fourgon du fiancé part à l'eau, le mariage aussi

Ils ont beau n'avoir que 24 ans, Jason Wilson et Emma Thompson, deux habitants de Whitehaven, en Angleterre, vivent ensemble depuis sept ans et ont deux enfants. Ils avaient décidé de se marier en août prochain, avaient déjà acheté les alliances et réservé un voyage de noces aux Antilles. Hélas, la semaine dernière, une dispute éclata entre les tourtereaux, Jason voulant boire une dernière pinte de bière alors qu'Emma voulait rentrer à la maison. Les choses s'envenimèrent au point que la jeune femme est allée entasser toutes les affaires de Jason, de ses vêtements à sa collection de CDs, dans la fourgonnette que lui confiait son employeur, et alla précipiter le véhicule dans l'eau du port ! « Je n'ai même pas pris la peine de lui annoncer qu'il n'était plus question de mariage, affirme Jason, qui vit désormais chez des amis. Je ne pourrais pas vivre avec quelqu'un d'aussi coléreux. » Son employeur, lui, espère que la fourgonnette noyée sera remboursée par l'assurance.

Du fil à retordre entre les frères

À la mort de leurs parents (qui remonte quand même à 1968), deux frères bulgares ne s'entendent pas sur le partage de leur héritage. De fait, ils commencent à se disputer, puis à se poursuivre mutuellement en justice. Tout cela ne ressemblerait qu'à un *soap opera*, si les deux frères – Taso Hadjiev, 74 ans, et Asen, 75 ans – n'avaient eu l'idée de séparer la maison de leurs parents en deux parts égales, chacune étant séparée de l'autre par une barrière en... fil de fer barbelé. C'est une voisine des deux frères ennemis qui vient de raconter leur histoire à la presse locale : elle n'en peut plus !

Par amour pour la mariée, il flingue le marié en pleine noce

Le moins qu'on puisse dire, c'est que la belle Mary-Ellen Murphy, une Anglaise de 21 ans, a rendu Jason McInerney, 20 ans, fou amoureux. Dès qu'il la rencontre, fin 2006, il la couvre de cadeaux, l'invite au restaurant et au cinéma, et met toute son ardeur à la conquérir. Hélas, Mary-Ellen refuse, car elle aime toujours Joshua Mitchell, son ex-fiancé, avec lequel elle a eu une dispute idiote. D'ailleurs, Joshua et Mary-Ellen ne tardent pas à se réconcilier, et décident de se marier. Mais Jason n'est pas du genre à abandonner l'objet de sa passion. En pleine réception de mariage, le jeune homme, accompagné d'un ami, fait irruption dans le salon de l'hôtel *Skyways*, à Slough. Il a une cagoule sur la tête et un pistolet dans la main. Il s'avance vers Joshua, vise posément le bas-ventre, et tire. Heureusement pour les jeunes mariés, la balle n'a traversé que le haut de la cuisse, sans causer de blessure grave. McInerney, actuellement jugé pour tentative d'homicide, risque une longue peine de prison. Voilà où mène de n'être ni Don Juan, ni Guillaume Tell.

Le Tanguy anglais s'appelle Stewart

Un couple d'Anglais, Bob et Pat Green, gagne au loto la copieuse somme de 2,3 millions de livres. Jusque-là, tout va bien : ils ont quarante-cinq ans de mariage heureux derrière eux, travaillent dans leur garage pour motos, ont eu trois enfants, bref, cette somme serait un heureux bonus s'il n'y avait leur… fils, Stewart, 33 ans aux pâquerettes, qui travaille avec eux, vit toujours chez papa-maman et refuse de leur lâcher les baskets. Se servant des médias anglais qui ont accouru après leur gain au loto, les parents passent une sorte de petite annonce en forme d'appel à l'aide : « Stewart est un bon garçon ni fiancé, ni marié. Alors si quelqu'un pouvait le sortir de là : il cherche une fille riche et qui aime le sport… » Et ayant horreur de la vie de famille, on l'aura compris.

Le commissariat serait-il ensorcelé ?

Les policiers d'Homestead, en Pennsylvanie, sont unanimes pour dire qu'il se passe des drôles de choses au commissariat. Les touches d'une machine à écrire montent et descendent toutes seules, des portes claquent sans le moindre courant d'air, des souffles d'air glacial balayent les couloirs et les bureaux, le moteur d'un chasse-neige en panne a démarré tout seul, sans clé ni batterie, et il y a une pièce où les gens refusent d'entrer seuls. Du coup, le chef de la police a demandé à la Société paranormale de Pittsburgh d'envoyer des enquêteurs pour essayer de comprendre ces phénomènes mystérieux. On lui conseillerait de faire également appel à un exorciste.

Un hôpital britannique victime d'un… fantôme

Le Royal Hospital de Derby, en Angleterre, ne badine pas avec les esprits. À la suite de plaintes répétées du personnel, affirmant qu'une apparition vêtue d'une cape noire se balade la nuit dans les couloirs et les services de l'établissement, la direction n'a pas hésité à demander à l'aumônier de l'hôpital de procéder à une cérémonie d'exorcisme pour chasser un fantôme, identifié par les « experts » comme un centurion romain tué sur les lieux il y a des siècles. « Nous prenons l'affaire très au sérieux, affirme Debbie Butler, la directrice du Royal Hospital, car la dernière chose que nous voulons, c'est que le personnel soignant soit perturbé. » Et les patients, donc !

Danse macabre dans un corbillard

Le mari d'une Brésilienne de 67 ans décède dimanche dernier d'une attaque cardiaque après avoir exécuté une danse par trop endiablée. Mercredi, Marciana Silva Barcelos, la veuve, prend place dans le corbillard qui emporte son époux au cimetière. Elle est assise à l'avant du véhicule, quand, tout à coup, le corbillard est heurté de plein fouet par une Alfa Romeo. Le chauffeur freine comme un fou, le cercueil de feu M. Barcelos s'avance dans le fourgon et vient heurter le crâne de Mme Barcelos qui... mourra sur le coup. En résumé, la veuve venant d'être tuée par le cercueil de son mari démontrait la terrible réalité de ce qu'est la plus mauvaise place dans une voiture : la fameuse « place du mort ».

La mort vous va si bien

De retour chez lui après un voyage en Australie, Michael O'Neill, un Anglais de 49 ans habitant Middlesbrough, a trouvé sa porte d'entrée défoncée, des voisins et des amis éplorés... Tout le monde le tenait pour mort. Explication : Michael était parti sur un coup de tête et n'avait pas pensé à prévenir qui que ce soit de son départ. Les voisins, inquiets de ne plus le voir, alertèrent la police qui procéda à une perquisition de son appartement. De plus, il se trouve que le journal local annonça la mort d'un autre Michael O'Neill, lui aussi de Middlesbrough, et dont les frères s'appellent Terry et Kevin... comme ceux de notre Michael ! On le croyait donc bel et bien mort, et la surprise fut générale à son retour. Comme quoi, partir, c'est bien mourir un peu...

Suicide : quand ça veut pas, ça veut pas

Pour se suicider, il aura tout essayé... mais sans succès. Cet homme de 65 ans, habitant à Martigné-Briand dans le Maine-et-Loire, n'a pas supporté de se retrouver seul pour le réveillon du 24 décembre, après que sa femme l'eut quitté quelques semaines auparavant. Il a donc tenté de mettre fin à ses jours. Pour commencer, il a voulu se pendre, mais la corde s'est rompue. Il s'est ensuite emparé d'un couteau pour se trancher la gorge. Deuxième échec. Il a alors ouvert quatre bouteilles de gaz dans la maison, avant de répandre de l'essence au rez-de-chaussée et d'y mettre le feu. Mais une trentaine de pompiers, arrivés à temps, ont maîtrisé l'incendie qui menaçait les maisons voisines. Résultat de cette lutte acharnée contre la vie : Une légère blessure et quelques jours d'observation au CHU d'Angers. Si une chance pareille ne lui donne pas envie de vivre… il n'a qu'à jouer au loto !

Un coup de couteau dans la tête ?… Pas de séquelle

Un jeune Chinois qui avait été poignardé à la tête par son père a réussi à survivre, bien que la lame de treize centimètres du couteau ait été totalement enfoncée dans son crâne. Lorsque Wen Wen, 38 ans, est arrivé aux urgences, une infirmière s'est même évanouie devant ce patient totalement conscient, avec un manche de couteau dépassant de la tête. La lame était rentrée au-dessus de l'oreille droite, passée par la cavité nasale, puis ressortie par la bouche. Selon les médecins, Wen Wen a eu « beaucoup de chance » qu'aucun vaisseau sanguin ou artère n'aient été touchés. Le fiston a expliqué que son père de 76 ans lui avait sauté dessus sans aucune raison, mais « qu'il avait toute sa tête ». La seule chose qui semble inquiéter ce fils vertueux, « c'est qu'il pense qu'il va avoir des ennuis et qu'il ne veut pas revenir à la maison ». On se demande tout de même si aucun neurone n'a vraiment été atteint par le fameux poignard…

La Mafia met un contrat sur… un évêque

Lors de la messe funèbre pour Crocefisso Emanuello, en Sicile, les seules proches du défunt étaient des femmes, et la plupart des hommes présents étaient des policiers en civil. Emanuello était en effet le parrain d'un des plus influents clans mafieux de l'île, mais l'évêque de Piazza Armerina a refusé de célébrer une messe pour lui, affirmant que « les hommes de l'Église doivent participer à la lutte contre la Mafia ». Du coup, l'évêque a reçu des menaces de mort, et bénéficie d'une protection policière. Ah, il est loin le temps où un archevêque de Palerme proclamait que la Mafia était une « invention des marxistes pour dénigrer la Sicile »...

Une fatwa contre... Mickey !

Un cheikh saoudien vient d'appeler au meurtre de Mickey sous prétexte que le Coran commande de tuer les souris ! Les rongeurs sont des « agents de Satan » qui doivent mourir, et Mickey n'échappe pas à la règle. Sa faute ? Rendre les souris sympathiques aux yeux des croyants... Soad Salah, une prêcheuse qui anime des émissions religieuses très populaires s'est elle-même offusquée de cet édit : « Selon les préceptes de l'islam, les souris doivent être tuées. Mais il est illogique de traiter un personnage de dessin animé en tant que souris vivante et de vouloir le tuer », indique-t-elle. Au moins, en Arabie Saoudite, personne ne songera à manger Porcinet...

Un délinquant nommé Winnie l'Ourson

Trois jeunes Tokyoïtes n'avaient plus de vêtements propres. Ils ont donc mis les costumes qu'ils avaient sous la main : un Winnie l'Ourson, une souris et une panthère ! Seulement, habillé ainsi, il faut être capable d'assumer le regard du public. Or Masayuki Ishikawa n'a pas supporté d'être dévisagé par deux passants dans son costume de Winnie l'Ourson. Le jeune homme et ses amis ont alors frappé les deux victimes, leur volant au passage 160 dollars ! L'habit ne fait pas le moine, ni le Winnie !

Un cuisinier de mauvais poil

Le chef cuistot d'un restaurant texan spécialisé dans la viande vient d'être condamné à six mois de prison ferme et trois mois avec sursis pour avoir délibérément... placé des poils pubiens dans un steak servi à un client difficile. Ce dernier avait réclamé que l'on remplace son plat. Ses vœux ont été exaucés, et cette fois le restaurateur de 24 ans y a vraiment mis du sien. Plus tard, il a expliqué à la police qu'il voulait « juste faire une blague ». La victime n'a pas dû la trouver à son goût...

Assommé à coups de lasagnes

M. et Mme Trott d'Atlantic Beach, en Floride, sont un couple en instance de divorce. Par ordre de justice, M. Trott ne doit pas se rendre au domicile de Mme Trott. Mais un soir, M. Trott passe outre l'injonction et se rend chez son ex-épouse. Furieuse, lorsqu'elle voit entrer son ex-mari, elle le frappe au visage avec ce qu'elle tient dans ses mains, soit des... lasagnes surgelées. Bing ! Le mari s'est retrouvé à l'hôpital, car comme l'a dit un policier, « donner un coup avec un surgelé fait autant de dégâts que frapper avec un bloc de glace, c'est très lourd »... Mme Trott a été arrêtée et conduite au poste de police avec l'arme du délit et M. Trott a aussi été appréhendé pour violation de domicile. Ne dites pas à ce couple qu'un bon repas pourrait arranger les choses...

Pour virer son ex-femme, il mange son passeport

Ivan Volkov, un citoyen de Nijni-Novgorod, en Russie, avait beau être divorcé d'Anna depuis plusieurs semaines, la jeune femme refusait de quitter l'appartement qu'ils occupaient en couple. Les disputes étaient fréquentes. Lors d'un échange furieux, Ivan s'empare du passeport d'Anna, le seul document prouvant son droit de vivre dans l'appartement, le déchire, puis le mastique soigneusement et avale les morceaux. Inculpé de destruction de documents officiels et de menaces, Ivan risque la prison… ce qui réglerait les problèmes de cohabitation d'Anna.

Son ex-femme veut la moitié ? Il empoigne sa scie

Au bout de quarante-cinq ans de mariage, Branko Zivkov, un agriculteur des environs de Belgrade, en Serbie, était tout disposé à accorder le divorce à sa femme, Vukadinka. Mais quand les avocats de cette dernière lui ont envoyé une lettre pour dire qu'elle exigeait la moitié de ses outils agricoles, l'homme de 76 ans a vu rouge. Empoignant sa scie à métaux, il a entrepris de donner à sa femme exactement ce qu'elle demandait. « J'ai tout scié en deux, a-t-il affirmé à un quotidien local. Il ne reste que la vache, car j'attends de savoir si elle veut la moitié avec les cornes ou la moitié avec la queue. » Un peu branque, le Branko.

Une virilité à 180 000 euros

Expertises médicales à l'appui, Sergio Vinucci, un trentenaire italien, accuse les reproches et les jérémiades de sa femme de l'avoir rendu impuissant. « Elle n'arrête jamais de se plaindre, a-t-il affirmé au tribunal de Parme. C'est extrêmement stressant, et ça m'a rendu incapable d'être un homme. Je veux un dédommagement. » Il demande 180 000 euros. Ça va lui en faire, du Viagra !

Elle est volage, il vole un… bus

Vladimir Kirov, un Russe de 24 ans, n'a pas de voiture, mais il sait ce qu'il veut : empêcher le mariage de son ex-petite amie. Alors, il « vole » l'autobus qui passe en bas de chez lui, c'est-à-dire qu'il menace d'une arme les passagers et le conducteur du bus, les force à descendre, se met au volant et part à fond la caisse à l'autre bout de la ville, afin d'arriver à l'église avant que son ex-belle ne dise *da* pour la vie à son nouvel amour. La police, alertée par les passagers, rattrapera Vladimir avant qu'il n'arrive à l'église. Direction : la prison. Vladimir Kirov ? Un amoureux éconduit… comme un abruti.

Il la traite de grosse, elle lui bouffe l'oreille

Anna Martin, une Écossaise de 27 ans, rencontre Nicholas Dott dans une discothèque de Glasgow. Ils se plaisent, et décident d'aller passer la nuit ensemble dans un hôtel voisin. Mais au bout de quelques minutes, Anna change d'avis, et lui dit qu'elle n'a plus envie de coucher avec lui. Sans doute dépité, Nicholas lui lance alors : « Tant mieux, tu es trop grosse pour moi ! » « Moi, trop grosse ? Tu vas voir ce qu'elle te fait, la grosse ! » Elle se précipite sur lui, referme ses dents sur son oreille, et en arrache sauvagement une bonne moitié. Dott devra subir une opération de chirurgie plastique. Et si jamais une lectrice était tentée d'en faire autant avec le prochain malotru rencontré, le prix est de deux ans de prison avec sursis. En Écosse, du moins...

Le criminel italien préfère la prison à sa femme

Luigi Folliero, un malfrat italien de 45 ans, avait été condamné à deux ans de prison pour un vol. Au bout d'un an de bonne conduite, le directeur de la prison l'a autorisé à finir sa peine chez lui, en résidence surveillée. Juste deux jours après sa sortie, cependant, Folliero s'est présenté à la porte de la prison de Ponte San Leonardo, près de Naples, et a demandé à regagner sa cellule. « Je ne supporte pas de vivre avec ma femme, a-t-il expliqué, elle n'arrête pas de se plaindre et de m'engueuler. » On lui conseille de divorcer avant sa libération dans un an.

Un ado violent allemand déporté en... Sibérie

Les services de la jeunesse du Land de Hesse, en Allemagne, n'y sont pas allés avec le dos de la cuillère pour résoudre le cas d'un garçon de 16 ans au comportement antisocial. Sa dernière frasque a été de frapper sa mère, qui lui reprochait sa conduite violente à l'école. Le jeune homme a été envoyé vivre une « expérience éducative intense » de neuf mois... au fin fond de la Sibérie. Dans une isba de Sedelnikovo, un petit village isolé, il doit se débrouiller pour sa vie quotidienne, avec l'aide d'un interprète, qui l'accompagne à l'école locale. « Nous avons choisi un endroit sans le moindre attrait, explique Stefan Becker, le fonctionnaire qui a organisé la mesure d'éloignement. Il est coupé de sa famille et de ses amis, sans télévision ni Internet. S'il ne coupe pas de bois, il ne peut pas se chauffer, s'il ne va pas chercher de l'eau au puits, il ne peut pas se laver. » La presse de gauche n'a guère apprécié, dénonçant un « jeu de téléréalité », et notant qu'il existe des endroits tout aussi isolés en Allemagne. Mais, à 150 euros par jour, le coût d'un exil sibérien est bien moindre...

Il entre en prison à dos de chameau

Pour protester contre sa condamnation à un jour d'emprisonnement pour avoir refusé de payer une contravention, un citoyen allemand s'est présenté devant la maison d'arrêt de Munich à dos de chameau. « Il doit y avoir pas mal d'ânes ou de chameaux dans les services du Ministère public pour infliger à une personne un jour de prison dans le seul but d'encaisser 25 euros, alors que la journée coûte 140 euros au contribuable », s'est-il exclamé du haut de sa monture. Le chamelier improvisé a ensuite gagné sa cellule sous les applaudissements du directeur de l'établissement. Le chameau, lui, est reparti libre.

Un électeur italien préfère manger son bulletin de vote

On imagine avec délices la scène dans un bureau de vote de Naples, lors des récentes élections italiennes. Au moment de mettre son bulletin dans l'urne, un homme d'affaires de 41 ans s'est soudain écrié : « Tous les hommes politiques sont de la merde ! Voici comment je réponds à ce système pourri ! », et a avalé son bulletin. Il a été inculpé de destruction de matériel électoral. Nous savions qu'on peut bourrer les urnes, mais pas qu'on pouvait se bourrer de bulletins.

Elle pose nue pour ennuyer son oncle… le cardinal

Magdalena Rouco Hernandez, une Espagnole de 27 ans, mère de deux enfants, a très mal pris l'attitude de son oncle, le cardinal Antonio Maria Rouco, lors du décès de son père. Le haut prélat était un ami proche de Jean-Paul II, et très traditionaliste. « Il n'est même pas venu à l'enterrement, a-t-elle expliqué à la presse. Il a prétexté une audience avec le pape, mais ce n'était pas vrai. » Pour « mettre à nu l'hypocrisie » de son oncle, Magdalena a donc posé, vêtue seulement d'un porte-jarretelles rouge, pour la couverture du magazine *Interviú*. Il n'est pas sûr, hélas, que le cardinal lise la presse people.

Appartement et beau-père à... vendre

Une Suédoise passe une annonce dans les journaux locaux pour vendre l'appartement qui avait appartenu à sa mère, décédée il y a quelques années. Cet appartement, situé dans un très bon quartier de Stockholm, est vendu tout meublé, y compris... le beau-père de la vendeuse, qui refuse obstinément de quitter les lieux. Sa belle-fille ayant tout fait pour l'expulser, sans y réussir, elle compte sur le nouveau propriétaire pour y parvenir. Pourquoi jeter le bébé avec l'eau du bain ? Cette affaire pourrait intéresser une veuve...

Un passager ivre calmé par une équipe de rugby

À bord d'un avion de la Qantas effectuant la liaison entre Sydney et Perth, en Australie, un passager déjà considérablement aviné réclame encore un scotch à l'hôtesse, qui refuse. L'homme se met alors à l'agonir d'insultes, et ne consent pas à se taire quand un steward intervient. Incapable de calmer le soûlard, celui-ci demande alors l'aide des… joueurs d'une équipe de rugby sud-africaine, les Stormers, qui vont disputer un match à Perth. Un joueur ordonne alors au passager de se taire, mais après quelques minutes, l'homme recommence à hurler. « Trois avants sont allés lui parler, a raconté l'entraîneur, Frikkie Erasmus. L'un d'eux a fini par lui donner ce qu'on appelle chez nous un petit "klap" sur la tête. Ça a été très efficace. » Le passager a été arrêté par la police à l'atterrissage à Perth. Gageons que lors du match, le lendemain, tous les passagers du vol soutenaient les Stormers.

Footballeur bretteur et escrimeur

C'était un petit match, sans grands enjeux à la clé. Mais certains prennent le sport un peu trop à cœur… Le match opposant l'équipe de Royston Villa à celle de Mosborough, en Angleterre, a été interrompu et annulé à la quatre-vingtième minute, lorsqu'un joueur qui venait d'être expulsé est revenu sur le terrain… en brandissant une épée ! Personne, heureusement, n'a été blessé. Le porte-parole de l'équipe de Mosborough FC analyse finement : « Un de nos gars a été exclu et est revenu armé. C'est pourquoi le match a été annulé. Nous ne voulons pas commenter l'incident parce qu'une enquête va être menée. Cette histoire ne doit pas paraître plus grave qu'elle n'a été et nous attendons de voir ce que les autorités ont à dire. » Et si on lui retire sa licence de football, il pourra toujours en obtenir une d'escrime… Sa botte secrète !

Brad Pitt à l'écran, fusillade dans la salle

Voilà un cinéphile qui n'y est pas allé de main morte pour clouer le bec de son voisin ! À Philadelphie, aux États-Unis, en pleine séance du film *L'Étrange Histoire de Benjamin Button*, James Joseph Cialella est captivé par les aventures de son héros préféré Brad Pitt. À côté de lui, un père et son fils ont le dos tourné au grand écran et discutent tranquillement. James leur demande d'abord de se taire. Comme la formule courtoise ne suffit pas, il jette du pop-corn à la tête du jeune garçon. Le ton monte, les esprits s'échauffent et soudain, James sort un pistolet automatique et tire sur le père qui s'était levé pour protéger sa progéniture. Blessée au bras gauche, la victime crie aux autres spectateurs de quitter la salle, avant de prendre lui-même la poudre d'escampette. Le tireur, satisfait du silence de mort qui règne désormais dans la salle, aura même le temps de profiter de la fin du film avant son arrestation !

Discrimination olfactive

C'est une histoire qui sentait vraiment mauvais, puisqu'elle aura conduit à une bataille juridique de plus de dix ans. Teunis Tenbrook, un étudiant en philosophie de l'université Erasmus de Rotterdam, aux Pays-Bas, a enfin obtenu le droit de revenir suivre les cours. Il lui avait en effet été demandé ne plus remettre les pieds dans cet établissement, au motif qu'il... puait des arpions ! Suite aux plaintes répétées de ses professeurs et des étudiants, il s'était résigné à ne plus fouler le sol de l'amphithéâtre, et travaillait à la bibliothèque. Mais là-bas, même problème : l'odeur dégagée par ses pieds incommodait trop ses camarades. Expulsé de l'université, le jeune homme avait choisi de taper du pied, et de traîner sa fac devant la justice. Le tribunal lui a finalement donné gain de cause, et les personnes sentant mauvais des panards ne seront désormais plus exclues... mais devront payer une forte amende. Pour M. Tenbrook, c'est là un joli pied de nez !

Les seins nus de la colère

Mlle Zhao, une « hôtesse professionnelle » de Foshan, en Chine, avait voulu se faire corriger la poitrine dans une clinique de chirurgie plastique. Hélas, l'opération menée par l'hôpital Kang Mei lui a laissé les seins « douloureux et asymétriques ». Ayant échoué à se faire accorder une indemnité de 10 000 euros, Mlle Zhao se tient depuis devant l'hôpital, où elle frappe un gong et exhibe ses seins. « Tant que Kang Mei continuera à refuser de payer, affirme-t-elle, je continuerai à montrer aux passants leur travail raté. » De quoi faire de Foshan la capitale mondiale du voyeurisme… asymétrique.

Un numéro qui fait du bruit

Voici un incident qui a provoqué tout un tintamarre de réactions : le conseil municipal de la ville de Birmingham, en Angleterre, a interdit aux clowns du cirque Zippos de jouer de la trompette lors de leur numéro ! Prétexte invoqué ? Une loi de 2003 impose la possession d'une licence pour réaliser des numéros musicaux. On s'en doute, la nouvelle n'a pas fait rire les artistes, et encore moins le directeur du cirque, Martin Burton, pour qui « la musique est un élément essentiel des spectacles clownesques ». Surtout que les trompettes ne résonnent que pendant trois minutes au cours du spectacle. Tout ce cirque, donc, pour quelques notes. Les clowns n'ont plus qu'à se reconvertir dans la pantomime…

Les charmeurs de serpents veulent exercer légalement

Les charmeurs de serpents sont à l'Inde ce que les tire-fesses sont à la Savoie : un élément du paysage. Impossible de penser à l'un sans penser à l'autre. Pourtant cette profession pittoresque et risquée est en fait interdite depuis 1991. Se comptant par centaines de milliers, les charmeurs continuent d'exercer dans l'illégalité. Attachés à leur profession comme une vache sacrée à ses cornes, ils ont décidé d'organiser une manifestation la semaine dernière à Calcutta. Parmi leurs revendications, ils réclament une compensation financière pour ceux dont les reptiles ont été confisqués par la police, le droit d'exercer leur métier en toute légalité, mais aussi celui de pouvoir revendre le venin de leurs bébêtes à des fins médicales. La tradition c'est bien, le business c'est mieux.

Tu feras au voleur ce que le voleur voulait te faire

Une nuit de la semaine dernière, Agustin de Jesus, 47 ans, était tellement fatigué par sa journée de travail dans son restaurant, à Lutz, en Floride, qu'il a décidé de dormir sur un lit de camp installé dans la cuisine. Vers 4 heures du matin, un bruit le réveille. Il se lève, et aperçoit un homme occupé à forcer le tiroir de la caisse. Puis il remarque que la porte de derrière a été forcée, et qu'une camionnette est garée tout près, moteur en marche. Aussitôt, il court jusqu'au véhicule, saute dedans et démarre. Dans les minutes suivantes, la police reçoit deux appels, le premier de Leonard Levy, qui signale le vol de sa camionnette, et le second de De Jesus, pour annoncer le cambriolage. Inutile de préciser qu'entre De Jesus, un commerçant honorablement connu, et Levy, un cambrioleur multirécidiviste, les policiers n'ont eu aucun mal à choisir. Ils ont arrêté le voleur volé, plutôt que le volé voleur.

Quand le PQ devient PV…

PV, PQ, quatre lettres qui n'ont jamais été aussi proches ! Dans la ville de Sudbury, en Angleterre, Richard Roper a reçu un PV de 30 livres (environ 36 euros), car sa voiture était garée sur un parking, à cheval sur une place gratuite et une place payante. Énervé, le fautif a réglé son amende par chèque. Un chèque non pas en bois… mais en papier toilette ! Et il est dans son droit, le plaisantin ! En effet, un chèque peut être rédigé sur n'importe quel bout de papier, du moment qu'il contient toutes les mentions légales. L'histoire aurait pu s'arrêter là, si le « Trésor public » anglais ne lui avait pas réclamé 15 livres (environ 17 euros) de frais d'encaissement de son chèque, ce que le conducteur a refusé de payer. Il a plaidé sa cause en expliquant : « J'ai rédigé mon paiement sur un papier qui reflète vraiment mon sentiment envers le système que je supporte, malgré moi. » Richard Roper a donc attaqué le Trésor pour faire annuler ces frais, et le juge lui a donné raison. On n'ose pas imaginer sur quel support sera remplie sa prochaine déclaration d'impôts…

Il explose les fourmis… et l'immeuble avec

Marcin Bartosz, un Polonais de 74 ans, ne supportait pas de voir son appartement, dans une HLM de Lublin, envahi par des fourmis. Elles entraient chez lui par une conduite de ventilation, le retraité a donc acheté une dizaine de litres d'insecticide et a tout versé dans la conduite. Hélas, cela ne semblait nullement décourager les fourmis, alors

Bartosz y a jeté un tissu enflammé. L'explosion a dévasté tout l'immeuble, et a envoyé Bartosz à l'hôpital avec de graves brûlures. Pourvu qu'il n'y ait pas de fourmis dans sa chambre...

On l'exproprie : il se coupe un doigt !

C'est un acte vraiment désespéré qu'a commis un homme d'affaires portugais, qui s'est coupé le doigt pour éviter l'expropriation. Endetté, il avait proposé au juge 170 000 euros pour couvrir ses dettes. Le magistrat avait refusé, et condamné Orico Silva à vendre une partie de sa propriété. D'où cette réaction totalement imprévue, qu'il explique ainsi : « Mon intention était d'attraper tous les papiers de l'affaire et de les éclabousser de sang pour éviter mon expropriation. » Il s'est ainsi coupé l'index en trois morceaux : « Je n'ai rien senti. J'aurais même pu couper tous mes doigts. » Être amputé plutôt qu'exproprié, un drôle de choix !

Les ouvriers rasent la mauvaise maison

Les retours de vacances réservent parfois de mauvaises surprises : dégâts des eaux, cambriolage, jardin en friche... Mais retrouver sa maison démolie, ça, ce n'est pas commun ! C estpourtant ce qu'il vient d'arriver à Liudmila Martemïanova. Tout juste rentrée de sa datcha, la Russe a découvert avec horreur que sa maison avait été rasée par mégarde pendant son absence. « Il ne restait rien, pas même une brique », s'est lamentée la malheureuse sur la chaîne de télévision NTV. Une entreprise de BTP, chargée de démolir la propriété d'à côté, s'était trompée d'adresse. Furieuse, la nouvelle SDF a saisi les tribunaux. On la comprend.

Un berger sibérien porte plainte contre l'autorité spatiale russe

Boris Urmatov dormait du sommeil du juste dans sa maison de Kyrlyk, un petit village de la région de l'Altaï, en Sibérie, quand il a entendu « une grosse explosion ». Comme le berger sexagénaire a des problèmes de vision, il n'a rien remarqué jusqu'au lendemain matin, quand il s'est aperçu qu'un énorme débris métallique avait écrabouillé ses toilettes extérieures. Comme Kyrlyk est situé sur le parcours des fusées spatiales lancées depuis le cosmodrome de Baïkonour, Urmatov pense que le mystérieux objet est un débris d'engin spatial, et il réclame 1 million de roubles (13 000 euros) à Roskosmos, l'agence spatiale russe. « Nos fusées sont conçues pour perdre des éléments en vol, a affirmé Alexander Vorobyov, le porte-parole de Roskosmos. Si l'expertise montre qu'il s'agit d'un débris d'une de nos fusées, nous rembourserons les toilettes de ce monsieur. » Avec son million de roubles, le berger pourra s'offrir des w.-c. neufs, chauffés… et blindés.

Il se croit visé par les petits hommes verts

Radivoje Lajic, un habitant de Gornja Lamovite, un village de Bosnie, ne voit qu'une explication au fait que sa maison ait subi cinq impacts de météorite en cinq mois : « J'ai apporté les pierres aux experts de l'université de Belgrade, qui m'ont certifié qu'il s'agissait d'objets tombés du ciel. À l'évidence, je suis ciblé par des extraterrestres, affirme-t-il. Je ne sais pas ce que j'ai fait pour les énerver, mais il n'y a aucune autre explication logique. La probabilité d'être frappé par une météorite est tellement faible que cinq incidents aussi rapprochés ne peuvent être qu'un acte délibéré. » Du coup, en attendant de savoir pourquoi les « martiens » lui en veulent à ce point, Lajic a renforcé son toit avec des poutres en acier.

Les faits divers de *Marianne* sont interdits en prison !

Nous avons reçu à la rédaction une lettre charmante d'un détenu de la prison de Fresnes. À la fin de sa lettre, ce prisonnier nous écrivait qu'il adorait cette rubrique et nous demandait s'il serait possible de lui faire parvenir un exemplaire du livre *Ils l'ont fait*, compilation des faits divers les plus hilarants parus dans *Marianne* depuis la création du journal. Bien sûr, nous lui envoyâmes le livre le jour même. Or le 16 janvier, le livre nous était retourné dans son enveloppe, sur laquelle était inscrite en lettres capitales la mention « INTERDIT » ! Ce livre potache serait donc trop subversif pour un détenu en voie de réinsertion ? Visiblement, la question embarrassait l'administration de Fresnes qui, jointe par téléphone, nous a répondu que « les détenus ne peuvent pas recevoir de livres à couverture rigide ». Rappelons que la couverture du livre en question est souple ! Bien plus souple en tout cas que les esprits des matons de Fresnes qui privent un détenu du droit de lire…

Chapitre VII

La paresse

Nos lecteurs nous posent régulièrement cette question : « Vous qui passez votre temps dans les faits divers, avez-vous connaissance de crimes parfaits ? » Hélas oui, mais ils n'ont rien à faire dans nos pages (et ne comptez pas sur nous pour vous livrer la recette...)

En revanche, nous nous faisons une joie de vous conter ici les tribulations de malfrats et de quidams qui, par paresse, se sont trouvés dans des situations grand-guignolesques.

Quand la flemme devient un grand art

Kevin Pyle, un habitant de Newcastle, en Angleterre, a été couronné « Roi des grands paresseux » par le quotidien *Daily Telegraph.* « Il est l'être le plus cossard que je connaisse, affirme Karl Pyle, qui a lui-même nominé son père. Quand il rentre du boulot, il se met directement au lit pour regarder la télé. Il est tellement flemmard qu'il hurle pour que je monte manipuler la télécommande quand il a envie de changer de programme. » Mais l'exploit qui a valu son titre à Kyle est sa méthode pour promener son chien, Bruce. « Je demande à mon fils de faire lentement le tour du quartier en voiture, et moi je tiens la laisse de Bruce par la fenêtre du passager, explique-t-il. Le chien adore ça, moi, je ne me fatigue pas les jambes, et en plus, quand il pleut, je ne me mouille pas. »

Mannequin articulé ? Non, candidat en campagne

Pierre Guiraud est un gars pragmatique. Candidat aux municipales à Lodève, dans l'Hérault, il a constaté que plus l'on serre de mains sur les marchés, mieux l'on est perçu par l'électorat. Alors, afin de serrer davantage de mains que ses adversaires, il a fait construire par l'un de ses amis un mannequin à son effigie, muni d'un bras articulé. Lorsqu'il est sur un marché, Guiraud installe son mannequin à un bout de la rue et s'en va serrer des mains à l'autre bout ! « Samedi dernier, il y avait même la queue pour serrer la main à mon double », indique-t-il. Nous rassurons les âmes pointilleuses : le mannequin n'ira pas voter.

Ça a failli sentir le sapin pour un flemmard maladroit…

Un Allemand, pour se débarrasser de son sapin de Noël, décide de le jeter par la fenêtre. Il avait même vu une publicité à la télé qui encourageait la chose : « Amusez-vous à jeter votre vieux sapin par la fenêtre ! » Aucune occasion de se fendre la poire n'étant à négliger, notre homme se met sur son balcon, prend son élan, perd l'équilibre, et accompagne son vieux sapin sur le trottoir, sept mètres plus bas. Le policier qui s'occupera d'accompagner le malheureux à l'hôpital a gardé un sens de l'humour très appréciable : « C'est vrai qu'on avait encouragé les gens à se débarrasser de leurs sapins de cette façon, a-t-il dit à la presse, mais ils n'étaient pas censés sauter avec eux. » Ça fait du bien de rigoler, non ?

Des policiers berlinois se font voler leur voiture

Une BMW surpuissante, bourrée de moyens de surveillance sophistiqués, dotée de dispositifs antivol dernier cri, d'un coût de 100 000 euros, était la fierté de la police de Berlin. La semaine dernière, hélas, les deux agents qui l'occupaient se sont précipités à pied pour tenter de rattraper un suspect en fuite... laissant les clés sur la BMW. Naturellement, quand ils sont revenus, la voiture avait disparu. « Nous continuons à rechercher le véhicule, mais n'avons pour le moment aucune piste », a reconnu le chef de la police. L'enquête se déroule sans l'aide des agents dépouillés : ils ont été suspendus, et seront sévèrement sanctionnés.

Les jurés jouaient au Sudoku

Soixante-six jours d'audience, c'est long ! Alors, pour passer le temps, cinq membres du jury d'un important procès de trafic de drogue n'ont rien trouvé de mieux que de jouer au Sudoku pendant les débats. Un observateur, étonné de les voir « prendre des notes » à la verticale, a fini par alerter le juge. Outré par le comportement des jurés, le magistrat du tribunal de Sydney, Peter Zhara, a décidé d'annuler le procès, dont les deux inculpés risquaient la perpétuité. Mais l'histoire fait rire jaune en Australie car la procédure a déjà coûté au contribuable l'équivalent de 610 000 euros. Les accros de la grille auraient mieux fait de se cantonner au jeu de… loi.

Le déserteur s'enfuit… en blindé !

Un légionnaire basé au camp de Sissonne, dans l'Aisne, en avait assez de la vie militaire. Bien qu'ayant signé un engagement de cinq ans, le soldat était bien décidé à reprendre la vie civile. Mais comment faire pour s'enfuir de la caserne sans attirer l'attention des plantons ? Le déserteur opta pour le moyen le moins discret, se disant sans doute que dans ce genre d'affaire, « plus c'est gros et mieux ça passe ». Et pour faire dans le « gros », quoi de mieux qu'un véhicule blindé ? C'est ainsi qu'il se mit au volant d'un VAB de six mètres de long et trois de large. Il passa le plus naturellement du monde l'enceinte du camp et roula plus de quarante kilomètres jusqu'à la gare de Reims où il gara soigneusement son engin avant de prendre le train. Pour l'heure, il court toujours. Sa nationalité n'a pas été révélée, mais s'il habite trop loin, il pourra toujours emprunter un avion de chasse…

Un voleur pris au collet

Voici la brève mais savoureuse histoire d'un Allemand qui entre dans un magasin de vêtements, essaie un costume en cabine, décide de le voler, enfile son vieux costume par-dessus et va pour sortir du magasin sans rien acheter, quand un vendeur lui tombe dessus en le traitant de voleur. À quoi le vendeur a-t-il compris que le costume neuf était dissimulé sous l'ancien ? Au simple fait que le type avait oublié d'enlever le cintre et que le crochet dépassait de son col ! Comme dit le chef de la police d'Aachen : « J'en ai vu des voleurs, mais un aussi peu professionnel que celui-là, c'est rare… »

Titre du rapport de police : « Le criminel le plus idiot »

L'Afrique du Sud a déjà trouvé son candidat pour le titre de « criminel le plus stupide de l'année » : un homme qui s'est présenté dans un commissariat de Pretoria pour déclarer le vol de son téléphone mobile par un gang armé. Après avoir rédigé la déclaration de vol, le policier de garde a composé le numéro du portable dérobé… et un téléphone s'est mis à sonner dans la poche de la victime ! L'homme, âgé de 25 ans, a bien tenté de faire croire au policier qu'il s'était trompé en lui donnant le numéro, mais n'a pas su expliquer pourquoi le téléphone dans sa poche avait le même numéro de série et était du même modèle que l'appareil « volé ». Il a été inculpé pour fausse déclaration.

Un braquage parfaitement raté

Deux braqueurs font irruption, la semaine dernière, dans une agence bancaire de Wroclaw, en Pologne. Ils ordonnent à la caissière d'ouvrir son tiroir à billets, puis ils tentent de la mettre hors d'action en lui projetant un jet de gaz lacrymogène. Hélas, ils n'ont pas remarqué qu'une soufflerie à air chaud débouche juste au-dessus de la caisse, et le gaz incapacitant leur revient droit dans la figure. « Ils se sont mis à pleurer et à tousser, et ont couru à l'extérieur, où un complice les attendait au volant d'une voiture », a raconté un porte-parole de la police. Les braqueurs portaient des cagoules de laine, mais la presse polonaise leur recommande, s'ils veulent recommencer, de les troquer contre des... masques à gaz.

Un hamster accusé de kidnapping !

Pas toujours facile d'être un hamster... Telle est, en tout cas, la conclusion qui s'impose suite à la diffusion sur une chaîne américaine d'un reportage relatant l'enlèvement d'une jeune fille il y a de cela huit ans. Dès l'apparition à l'écran de la photo d'un suspect, quelle ne fut pas la surprise de la présentatrice (et sans doute des téléspectateurs) de découvrir un hamster et non l'homme suspecté. La journaliste, devant alors improviser, eut ces quelques mots : « Il est évident que ce n'est pas Rodney Stanger. » Certes, il ne s'agissait pas de Rodney Stanger, mais de Rodney le hamster, un animal auquel le même journal télévisé consacrait un sujet ce jour-là. Nul doute qu'en régie, le responsable de cette confusion aura sa prime rongée...

Le criminel le plus bête de Chicago

Un homme de 18 ans entre dans un atelier de mécanique à Chicago, la semaine dernière, exhibe un pistolet, et demande de l'argent. Un des employés lui explique que l'argent est dans un coffre, et qu'il n'y a que le patron, momentanément absent, qui a la combinaison. « Il revient quand ? », demande le braqueur. « Aucune idée », répond l'employé. « Alors, je vais te laisser mon numéro de portable, et tu vas m'appeler dès qu'il revient », ordonne le criminel. Naturellement, l'employé appelle la police. Des agents en civil se cachent dans l'atelier, l'employé appelle le braqueur qui déboule et se retrouve avec une balle dans la jambe et des menottes aux poignets en moins de deux. « Dieu sait que les criminels peuvent être stupides, a commenté un inspecteur, mais j'avoue n'en avoir jamais vu d'aussi bêtes que ce gars-là. »

Assis sur une caisse dans sa caisse

On imagine la stupeur des deux policiers autrichiens arrivés sur les lieux d'une collision entre deux voitures : l'un des conducteurs était installé au volant... assis sur une caisse en plastique. « J'avais enlevé le siège du conducteur pour le nettoyer à fond, a expliqué Harold Stein, un Viennois de 58 ans. Quand il a fallu que j'aille faire une course, je me suis dit que la caisse ferait parfaitement l'affaire pour remplacer le siège. Au départ, j'étais plutôt bien installé, mais en arrivant au premier feu rouge, je me suis rendu compte que je n'arrivais pas à appuyer sur la pédale de freins. » Comme quoi, à force de danser la valse, les Viennois en perdent les pédales !

Des braqueurs aux visages masqués par... des strings

Pour braquer une supérette d'Arvada, dans le Colorado, Joaquin Rico, 19 ans, et Joe Espinosa, 24 ans, avaient cru dissimuler leurs visages en enfilant des... strings sur la tête. Ils ont réussi à s'enfuir du magasin avec quelques centaines de dollars, mais quand la police a diffusé les images de la caméra de sécurité, tous leurs voisins les ont immédiatement reconnus, et ils n'ont pas tardé à être arrêtés. S'ils avaient mieux regardé leurs petites amies, ils auraient su qu'un string est fait pour révéler, pas pour cacher.

Soudain, un poivrot s'installe dans votre lit !

Vers 6 heures du matin, un habitant de la ville de Gossau, dans le Nord de la Suisse, sent une présence étrangère et malodorante dans son lit. Il ouvre un œil et découvre… un poivrot vautré sur sa couette ! L'ivrogne ne souhaitait pas squatter l'appartement d'autrui. Il se trouve qu'il est l'ancien locataire de l'endroit et, dans son état, les brumes de l'alcool lui avaient fait oublier qu'il n'habitait plus là. Convaincue, la « victime » n'a pas porté plainte. Toujours cette indulgence pour les ivrognes…

Une retraitée s'endort… au magasin de meubles

Gertrude Muller, une Allemande de 72 ans, voulait s'offrir un nouveau canapé. Elle s'est donc rendue dans un magasin de meubles, à Lübz, et s'est mise à essayer les modèles exposés. « Ah, se dit-elle en s'allongeant sur un sofa particulièrement moelleux, placé dans un coin reculé du magasin, celui-ci est d'un confort divin. » Tellement divin que, sans s'en rendre compte, elle s'est endormie. Quand elle s'est réveillée, le magasin était désert, noir, et fermé à clé. Il a fallu qu'elle trouve le téléphone et appelle la police pour qu'on la délivre. « J'ai été impressionnée par la qualité du sofa, a-t-elle affirmé à la presse, mais pas par la qualité du service. Ils auraient dû vérifier qu'il ne restait plus personne en fermant. » Ah, si seulement elle… ronflait.

Mamie va au tapis

Une femme de 78 ans s'apprêtait à prendre un vol à destination de l'Allemagne. Prête à embarquer, elle se retrouve face à un tapis roulant. Peu coutumière de l'univers aéroportuaire, elle ne s'étonne pas de cette procédure d'enregistrement quelque peu inhabituelle et s'allonge. Mais, c'est au centre de tri des bagages de l'aéroport qu'on n'en croyait pas ses yeux lorsqu'on a vu arriver une mamie à la place de ses valises ! Quasi indemne, elle n'a pas raté son avion. En revanche, l'histoire ne dit pas si elle a passé le voyage dans la soute à bagages...

Un cambriolage parfait, c'est simple comme un coup de fil

Le voleur qui a réussi à s'emparer de douze objets en or, la semaine dernière, au musée d'Anthropologie de l'université de Colombie britannique, à Vancouver, avait soigneusement préparé son coup. Quatre heures avant le cambriolage, la police du campus a reçu un coup de téléphone, censé provenir de la société qui avait installé les systèmes d'alarme, expliquant que le dispositif présentait des dysfonctionnements, et qu'il fallait ignorer de possibles fausses alertes. Quand un message leur indiqua que la porte d'entrée du musée venait d'être forcée, les policiers n'y prêtèrent donc aucune attention. À tort : l'appel provenait du cambrioleur, qui a pu tranquillement repartir avec un butin estimé à plusieurs millions d'euros. On connaît des policiers qui doivent se sentir mal.

Un examen vient avec les bonnes réponses

Le nombre de notes excellentes obtenues, récemment, par des milliers de lycéens britanniques à l'épreuve de musique des examens nationaux *GCSE* (« Certificat général d'éducation secondaire »), n'est pas dû au hasard. En effet, en raison d'une erreur de l'imprimerie, un des sujets comportait, au recto, des questions sur des compositeurs célèbres, et, au verso, les bonnes réponses ! Pratique pour les cancres paresseux...

Pas de parachute ? Pensez au béton

Milan Krajnic, un cadre du bâtiment croate, sait désormais ce que veut dire « avoir la bétonneuse bordée de nouilles ». La semaine dernière, à Krapinske Toplice, il inspectait un immeuble de bureaux que sa société est en train de construire, quand il est tombé du quatrième étage sur une dalle de béton... frais. Malgré la chute de plus de dix mètres, la seule conséquence pour lui a été une sacrée note de teinturier. « J'ai appris par la suite la raison pour laquelle le béton était encore liquide : un ouvrier paresseux s'était trompé en le préparant, a raconté Krajnic au quotidien local. Normalement, je serais furieux et je le sanctionnerais, mais, cette fois-ci, j'ai décidé de ne lui faire aucun reproche. »

Nouveau candidat pour le prix du « braqueur le plus stupide »

Un habitant de Chicago s'est rendu cagoulé et muni d'un revolver dans une banque. Jusqu'ici, il n'y a (hélas) rien d'extraordinaire. Mais arrivé au guichet, il a tendu au caissier un papier sur lequel était inscrit : « Soyez rapide et calme. Donnez-moi l'argent ou je tire. » Le caissier s'est exécuté et le voleur a promptement quitté la banque. Un coup parfait, en somme. Sauf que le malfrat a oublié sur place le papier qu'il avait présenté. Et la menace était écrite au dos... de l'une de ses fiches de paye mentionnant bien sûr son nom et son adresse ! « Il s'agit de l'enquête la plus rapide de ma vie » confie, hilare, l'agent du FBI qui a interpellé le braqueur une heure plus tard. Difficile de faire plus idiot.

L'ascenseur trahit le voleur...

La nuit tous les chats sont gris et les cambrioleurs peuvent être marron. Lorsque Heinrich Klopp, un Allemand de 27 ans, s'introduit subrepticement, par l'escalier de service, au sixième étage d'un immeuble de bureaux de Berlin, c'est pour y dérober des ordinateurs, des téléphones mobiles et autres babioles électroniques. Les bureaux regorgent de marchandises et le casseur embarque tout ce qu'il voit. Impossible, dans ces conditions, de tout trimbaler dans l'escalier. Klopp appelle alors l'ascenseur. Erreur fatale : l'appareil reste bloqué entre deux étages. Le voleur n'a, alors, d'autre solution que d'appeler le service de dépannage, qui préviendra la police.

Un criminel imbattable pour... se faire prendre

Aaron Evans, un malfrat britannique de 21 ans, est un des favoris du Grand Prix Marianne du criminel le plus bête (les candidats sont nombreux !...). La semaine dernière, pour contrer une épidémie de vols de véhicules, la police de Bristol avait laissé au bord du trottoir une voiture-piège équipée de caméras. La nuit même, Evans a été filmé fracturant une portière et tentant de bidouiller le contact du démarreur. « Mais comment la police a-t-elle pu savoir qu'il s'agissait d'Evans ? » vous demanderez-vous. Élémentaire, mon cher Evans : le jeune homme s'était fait tatouer son nom et sa date de naissance sur la nuque...

Quatre ans de planque... sous un lit

Petru Susanu, fugitif roumain, avait échappé à l'incarcération en 2005, après sa condamnation pour vol. Pendant quatre ans, il a vécu dans une confortable cachette sous le lit de sa mère. Il a été trahi par son goût pour les cigarettes et la bière. Des voisins de Susanu avaient remarqué qu'elle achetait régulièrement du tabac et de l'alcool, alors qu'elle ne fumait et ne buvait pas. Le propriétaire du magasin dans lequel Petru avait l'habitude d'aller avant sa disparition a confirmé que sa mère achetait la même marque de cigarettes que son fils. Petru risque aujourd'hui une peine de quatre ans de prison pour vol. Vingt ans sous les jupes de sa mère, quatre ans sous son lit, quatre ans de prison... Très peu de moments de liberté en somme !

Le taxi transporte... le cambrioleur de sa maison

M. Shen, un chauffeur de taxi de la ville d'Huainan, en Chine, avait embarqué un passager à la gare routière, vers 3 heures du matin, une nuit de la semaine dernière. « Il avait plein d'appareils électroménagers, a-t-il raconté au quotidien *Xinan Evening Post,* alors je l'ai aidé à tout charger. J'ai remarqué qu'il avait aussi un poisson sans queue, et je me suis dit que c'était bizarre, parce que j'avais un poisson tout pareil dans mon congélateur. » Ce n'est qu'en rentrant chez lui, au petit matin, que Shen s'est rendu compte que sa maison avait été cambriolée... et qu'il avait aidé le voleur à transporter son butin.

Le « malfrat le plus stupide de l'année » est français !

La concurrence aura été rude, en 2008, pour l'obtention du titre de « malfrat le plus stupide de l'année ». Jusqu'au dernier moment, nous pensions le décerner à cet

Américain de 57 ans qui, tandis qu'il cambriolait un restaurant en pleine nuit, avait entrepris de se préparer un repas... et s'était brûlé au troisième degré. Mais c'était sans compter sur un remarquable candidat français de dernière minute. Il s'agit d'un jeune homme de 25 ans. Le 12 décembre, il cambriole une boulangerie à Draguignan, dans le Var. Le cambriolage se déroule parfaitement bien. Sûr de son fait, le gaillard rentre chez lui, butin en poche. Seul problème : il ne se rend pas compte que le sol de la boulangerie est recouvert de farine. Et dès le matin, les policiers suivent les traces blanches des pas du jeune homme qui mènent jusqu'à son appartement ! Le parquet de Toulon, après avoir bien ri, a remis le pauvre bougre en liberté à condition qu'il dédommage sa victime. Malheureusement, nous ne pourrons lui être d'aucun secours, le « Prix Marianne du malfrat le plus stupide de l'année » n'étant pas rémunéré.

Le cycliste le plus malchanceux du monde

Bob Evans, 46 ans, un habitant de Boulder, dans le Colorado, se souviendra longtemps de sa journée du 27 septembre. Comme d'habitude, il se rendait à son travail à vélo quand un automobiliste distrait le renverse, avant de prendre la fuite. Evans est transporté à l'hôpital, où l'on soigne ses nombreuses plaies et bosses. Au bout de six heures, le médecin l'autorise à rentrer chez lui. Son vélo étant endommagé, il doit le pousser. « Puisque je suis à pied, se dit-il, je vais prendre le raccourci par le pont ferroviaire. » Hélas, un train surgit, et projette Evans dans un ruisseau en contrebas. Bonne nouvelle : sa vie n'est pas en danger. Mauvaise nouvelle : la police lui a collé une amende pour avoir pris un pont interdit aux piétons.

Les chirurgiens confondent la jambe et… l'anus

Une retraitée allemande entre à l'hôpital de Hochfranken, en Bavière, pour une petite intervention sur une jambe. Quand elle se réveille de l'anesthésie, elle découvre avec effroi, non seulement que sa jambe n'a pas été soignée, mais surtout qu'elle avait un nouvel… anus ! Fort embarrassé, le directeur de l'hôpital a expliqué que l'équipe de chirurgiens avait confondu deux patientes, dont l'une souffrait d'incontinence. La victime, qui a porté plainte, va subir l'opération à la jambe, mais précise qu'elle changera d'hôpital. Les chirurgiens ont été suspendus. On leur suggère de se reconvertir chez Midas, où « pour le même prix, on vous change le pot d'échappement ».

Randonnée à la belge

Un couple de randonneurs belges passait les fêtes de Pâques à découvrir les beautés des Vosges. Arrivés sur la rive du lac Blanc, ils décident de s'éviter un long détour et de traverser le lac à la nage, avec le sac sur le dos. Le lac n'est large que d'une trentaine de mètres, mais l'eau était à 3 °C. Les joyeux marcheurs, en état d'hypothermie avancée, ont été hospitalisés.

Un braqueur prend la fuite en... chambre à air

Les policiers de Seattle, dans l'État de Washington, ont dû reconnaître qu'ils s'étaient fait berner par un audacieux braqueur de banque. L'homme a attendu qu'un agent de sécurité lourdement chargé de sacs de billets sorte de l'établissement, lui a aspergé la figure de spray au poivre, s'est emparé des sacs, et a couru jusqu'à la rivière Skykomish toute proche. « La dernière fois que nous l'avons aperçu, il flottait dans le courant assis sur une chambre à air », a raconté Debbie Willis, la porte-parole de la police, qui pense que le bandit était attendu par un complice quelques kilomètres en aval. Gonflé, le braqueur !

Les policiers sont incapables de passer le permis

C'est un piètre constat que viennent de faire les autorités d'une ville de l'Oural, en Russie. Sur trente policiers à qui l'on avait fait passer le permis, vingt-neuf ont lamentablement échoué à l'examen de conduite du code de la route qu'ils sont censés faire respecter ! Un seul a réussi cette épreuve menée à titre expérimental, en ayant eu 100 % de réponses justes. Le pire des candidats a fait jusqu'à huit fautes... Lorsque l'on sait qu'en Russie les policiers chargés de la circulation ont pour réputation de demander des amendes « officieuses » aux automobilistes harcelés pour des infractions mineures ou des contrôles tatillons, l'histoire fait sourire... L'incompétence n'empêche pas la corruption.

Les Britanniques oublient de tout dans les hôtels

La chaîne hôtelière britannique *Travelodge* vient de rendre publique une liste des objets oubliés par les clients dans ses établissements. Un véritable inventaire à la Prévert, qui va des dentiers aux jambes artificielles, sans oublier les jouets sexuels. On y trouve également un hélicoptère radiocommandé long de deux mètres, une valise pleine de bijoux, une chaîne en or valant 20 000 euros, un chat, un enfant en bas âge et les clés d'une Bentley. Un client, qui avait oublié un porte-bonheur en forme de Bouddha, est revenu exprès de Dubaï pour le récupérer... parce qu'il traversait une période de malchance.

Accusé... restez chez vous !

La cour d'assises de l'Isère devait juger Mosbah Fercha, un Algérien de 31 ans, pour le viol présumé de son ex-concubine. Les faits supposés remontent à 2001. Bien sûr, depuis sa mise en examen et la fin de ses dix-neuf mois de détention préventive, Fercha, qui clame depuis le début son innocence, était soumis à un contrôle judiciaire auquel il s'est toujours présenté. Or, en juin 2004, il apprend la mort de son frère. Il entreprend alors un voyage éclair en Algérie pour assister à ses obsèques. Il ne prévient pas les autorités. Ce sera son unique faute (qu'il reconnaît volontiers). Seul problème : lorsqu'il tente, quelques jours plus tard, de revenir en France dans l'attente de son jugement, le consulat de France en Algérie lui refuse son visa. Depuis Grenoble, son avocate a beau faire toutes les démarches pour expliquer que Fercha doit être traduit devant les Assises et qu'il veut se défendre, rien n'y fait ! Les mois passent. « J'ai fait toutes les demandes en bonne et due forme pour qu'il revienne, nous explique son avocate Me Joëlle Vernay, preuves écrites à l'appui, mais en vain. Le ministère de l'Immigration a peur que mon client s'évade dans la nature sitôt arrivé en France. C'est absurde puisque de toute façon, il serait immédiatement incarcéré dès sa sortie de l'avion ! » En fait, la crainte de l'Administration est que Fercha soit acquitté et qu'il cherche ensuite à rester en France. « C'est absurde, il a refait sa vie en Algérie », tonne Me Vernay. En attendant, la Cour d'assises a renvoyé l'audience à plus tard. Le service des visas du ministère de l'Immigration n'a pas souhaité commenter cette affaire. « Il s'agit d'un dossier confidentiel », nous a-t-on dit. Eh bien, confidentiellement, cette affaire est grotesque !

Vissée sur le trône pendant deux ans

En recevant un appel pour un « problème de couple », le shérif du comté de Ness, dans le Kansas, pense à une énième dispute conjugale. Mais en arrivant sur les lieux, il découvre avec horreur une femme psychologiquement désorientée, assise sur la cuvette des toilettes depuis si longtemps que la chair a pris sur le siège ! « Elle n'était pas collée ni attachée. Elle était juste coincée par son corps, se souvient avec dégoût le policier. Nous avons arraché la cuvette avec une barre de fer, et ce n'est qu'à l'hôpital de Wichita qu'on lui a retiré le siège. » Apparemment, la malheureuse aurait passé deux ans de sa vie dans cette position avant que son compagnon de 36 ans ne se décide à prévenir les autorités. L'homme, qui affirme lui avoir régulièrement apporté à boire et à manger, assure qu'elle refusait de quitter la salle de bain. « À chaque fois, elle répondait "peut-être demain" », a déclaré le jeune homme à la police. On est ébahi de sa patience… et de sa paresse.

La femme somnambule qui envoie des « zzze-mails »

Les neurologues de l'université de Tolède en Espagne viennent de publier une étude sur un cas des plus particuliers : celui d'une patiente atteinte du syndrome des « zzze-mails » ! Un terme un peu soporifique, qui désigne le fait d'envoyer des courriers électroniques… en dormant ! Le cobaye, une femme de 40 ans, avait à plusieurs reprises envoyé des e-mails pendant son sommeil ; elle s'en est aperçue lorsqu'elle a reçu des réponses sans les comprendre. Les scientifiques ont contrôlé la dormeuse. Couchée vers 22 heures, elle s'est levée deux heures plus tard, et, toujours endormie, a allumé l'ordinateur en composant le bon code d'accès, puis envoyé trois messages à des amis pour leur proposer d'aller boire un verre avec elle. Puis elle est retournée se coucher. Pour les chercheurs, c'est un cas très rare de somnambulisme *on-line*. Leur patiente, elle, sait désormais pourquoi elle recevait des messages bizarres et peut à présent dormir sur ses deux oreilles.

Y a-t-il un insomniaque dans l'avion ?

Cela a commencé comme une chanson de Mort Shuman : « "Allô, Papa Tango Charlie", ici Honolulu. » Un avion doit se poser dans vingt minutes sur la piste d'atterrissage et les contrôleurs de Honolulu, à Hawaï, prennent contact par radio avec le commandant de bord. Aucune réponse. Deuxième appel de la tour, et toujours pas de réponse provenant de l'avion. Cela va durer… trente minutes avant que les contrôleurs – horriblement angoissés – obtiennent enfin une réponse du pilote : « Non, il n'y a pas de situation d'urgence à bord. Sommes-nous autorisés à atterrir ? » L'avion se pose tranquillement et les quarante passagers en descendent. Le commandant de bord, lui, est sommé d'expliquer son long et inquiétant silence radio. Il avoue que lui et son copilote s'étaient endormis, après avoir confié les manettes au pilotage automatique. Un vrai sommeil de sourd qui leur a valu une comparution devant les autorités aéronautiques américaines.

Le savon de la discorde

La police de Varsovie, la capitale de la Pologne, a pris très au sérieux l'appel au secours d'un étudiant de 22 ans qui dénonçait les « tortures psychologiques » infligées par sa mère. Les agents se précipitent à l'adresse indiquée, menottent la « mère abusive », et l'interrogent sans ménagement. Elle finit par avouer avoir exigé de son fils Lukasz, âgé de 22 ans, qu'il « se lave au moins une fois par semaine », qu'il « range sa chambre », et qu'il « aide à payer le loyer ». Du coup, les policiers ont rajouté une corvée pour Lukasz : se présenter devant un juge pour « dénonciation infondée ». Espérons que le savon le réconciliera avec sa mère...

Vingt-cinq ans d'attente pour un passeport

Arrivée à l'âge respectable de 84 ans, Maria Kostova, une habitante de Shtip, en Macédoine, s'était dit qu'elle voulait connaître d'autres pays, et avait fait une demande de passeport. Hélas, les registres d'état civil de la ville avaient été détruits au cours de la seconde guerre mondiale, et le préposé l'avertit que la vérification de son identité risquait de prendre un peu de temps. Les recherches dans les archives ont en effet été ardues, mais fructueuses : le passeport flambant neuf sera remis en grande pompe à Maria le mois prochain, à l'occasion de son... cent neuvième anniversaire.

Un prisonnier oublié trente-cinq ans derrière les barreaux

Les hostilités entre l'Inde et le Pakistan, en 1965 et 1971, jetèrent des centaines de personnes en prison dans les deux pays. Bon nombre furent condamnées à mort. Mais la liste des exécutions et des emprisonnements reste encore floue, des ONG poursuivent donc les recherches afin d'informer les familles. C'est ainsi qu'au Pakistan, un humanitaire britannique a retrouvé Kashmir Singh, un Indien condamné à mort en 1973 pour espionnage. Singh n'avait pas été exécuté mais croupissait depuis trente-cinq ans dans une cellule sans fenêtre du quartier des condamnés à mort de la prison de Lahore. Le président Musharraf a amnistié le détenu oublié, qui, en sortant de prison, a confié aux journalistes qu'il se « sentait mieux » et qu'il était heureux de retrouver… son épouse, d'autant qu'il n'avait jamais reçu une seule visite durant sa détention, car Mme Singh s'était réfugiée à Londres. Tout se termine bien : il vient de retrouver la femme qui l'a attendu trente-cinq longues années et tous deux projettent d'aller faire un voyage… en Inde. Pourvu qu'il n'y ait pas une nouvelle guerre !

Un Cap-verdien fruste, alcoolique et muet, condamné à la place d'un autre

Un Cap-verdien de 23 ans en situation irrégulière a comparu à la 23e chambre correctionnelle de Paris pour avoir brûlé des poubelles à la gare du Nord. Tandis que le président évoquait les faits qui lui étaient reprochés, l'accusé arborait un sourire béat. Il a quand même tenté d'expliquer son acte : « Je bois de l'alcool et je ne réfléchis pas. » 2,3 grammes dans le sang, cela fait beaucoup, d'autant que, selon le rapport psychiatrique, l'accusé est « un sujet limité, doté d'une intelligence fruste ». La cause paraissait donc entendue. Mais au dernier moment, son avocat a présenté un nouvel élément. En garde à vue, l'accusé a été confondu avec un autre Cap-verdien, arrêté pour d'autres délits dans le 16e arrondissement ! L'avocat s'est insurgé et a demandé l'abandon des poursuites : « Mon client est resté quatorze heures en garde à vue dans le 16e arrondissement, sans connaître ses droits, sans avocat, sans interprète et en plus il ne sait ni lire ni écrire ! » Prise de court, la procureur a essayé tant bien que mal de défendre le Ministère public : « Il n'a pas dit qu'il ne comprenait pas, il a opposé le silence. » « Évidemment, il ne parle pas français », murmura un avocat. Finalement, le jeune Cap-verdien a été condamné à quatre mois de prison ferme et trois ans d'interdiction du territoire. Mais nous sommes toujours sans nouvelle du Cap-verdien du 16e…

Chapitre VIII
L'arche de Noé

Que seraient les pages « Ils l'ont fait » sans la traditionnelle rubrique « animaux » ? Marianne peut se targuer d'être le seul *news magazine* à consacrer chaque semaine une page entière à nos amis à poils et à plumes (sans oublier les écailles...). Drames, sauvetages en tous genres et espiègleries, notre ménagerie regorge de protagonistes aussi burlesques que colorés. Et dire que tout cela est vrai...

Des chauffards ? Non : des sangliers !

Si sur la route, certains se comportent comme des cochons, en Allemagne, force est de constater que ce sont de vrais sangliers qui font office de chauffards. Sur l'autoroute menant de Berlin à Brunswick, une dizaine de sangliers ont traversé les voies, forçant les conducteurs à effectuer des embardées périlleuses. Jusqu'ici, la chose est spectaculaire mais au fond assez classique. Ce qui l'est moins, c'est le comportement des animaux après leur traversée. Certains d'entre eux ayant été percutés par des voitures et blessés, les autres, sans doute mus par la vengeance, se sont rués sur les voitures arrêtées, frappant les portières de leurs défenses. À l'arrivée de la police, il ne restait plus que trois sangliers agonisants au milieu des voitures. Ils durent être abattus. À défaut de mettre « un tigre dans leur moteur », les automobilistes accidentés se seraient bien passés d'avoir un sanglier dans leur carrosserie…

La police allemande ridiculisée par un… bélier véloce

La police de Güster, en Allemagne, aimerait beaucoup que le propriétaire d'un bélier, actuellement hébergé derrière le poste de police, se fasse connaître. La bête, en effet, est accusée d'avoir « couru à plus de quarante-cinq kilomètres-heure dans les rues du village, effrayant les passants », d'avoir « escaladé plusieurs voitures de police qui tentaient de lui barrer le chemin, rayant leur peinture », et d'avoir « donné des coups de cornes aux chiens policiers qui le poursuivaient ». Le bélier a pu être appréhendé, une heure plus tard, quand il s'est mis à brouter l'herbe d'un champ. Si son propriétaire ne se manifeste pas, nous suggérons que le mouton soit condamné à… un méchoui.

Mieux que le trou en un : le faucon en un !

Tripp Isenhour, un golfeur professionnel américain, n'a jamais gagné de grand tournoi, mais il est devenu célèbre pour avoir frappé un coup d'une précision inouïe… sur un faucon. Isenhour était en train de tourner une vidéo de démonstration sur le parcours du *Grand Cypress Resort*, en Floride, quand un faucon s'est perché sur un arbre voisin. « Ses cris perturbaient le tournage, a expliqué Isenhour, alors on a essayé de le faire s'envoler, mais en vain. Du coup, je me suis mis à taper des balles vers lui, pour lui faire peur. Hélas, une balle l'a frappé à la tête, et il est tombé, raide mort. » Le problème, c'est que le rapace appartenait à une espèce protégée, et donc qu'Isenhour risque trois ans de prison.

L'éleveur de moutons se fait pigeonner

Il s'agit sans doute de l'une des plus grandes arnaques de l'histoire ovine. Un éleveur de moutons reçoit fin décembre un appel téléphonique d'une prétendue « association musulmane de Mulhouse », qui lui commande cent cinquante moutons pour les fêtes de l'Aïd el-Kebir. Ravi de cette importante commande, l'éleveur ne demande pas davantage de détails et se rend, avec sa bétaillère, au lieu de rendez-vous. Là, une jeune femme l'attend et lui demande de la suivre jusqu'à un abattoir. Arrivé sur place, l'éleveur constate que l'abattoir a l'air fermé (effectivement, il s'avérera être désaffecté depuis un an). Sa cliente le rassure en lui expliquant que tout est en règle avec les propriétaires du lieu. Du reste, elle lui propose de décharger son bétail et de la suivre directement à sa banque afin de le payer. L'éleveur s'exécute et remonte dans sa bétaillère. Il suit donc la femme qui roule longtemps sur des petites routes. Soudain, à un feu rouge, elle démarre en trombe et le sème. De retour à l'abattoir, il constate que cent trente-deux de ses moutons ont disparu. Finalement, la gendarmerie arrêtera deux hommes et la jeune femme. Le préjudice s'élève à 18 000 euros et pour l'heure, nul ne sait où sont passés les moutons.

La doyenne du Ballet Mariinsky dansait sur quatre pattes

Monika, une artiste âgée de 21 ans, a pris sa retraite du célèbre Ballet Mariinsky de Saint-Pétersbourg, en Russie, au bout de... dix-neuf ans de carrière. Il faut dire que Monika est une ânesse, dont l'unique rôle était de promener Sancho Panza lors de représentations du ballet *Don Quichotte*. Pour marquer son départ en retraite, Monika a reçu un gâteau aux carottes et un foulard, et a dansé une valse avec une ballerine. « Elle savait parfaitement à quel moment faire son entrée en scène, raconte la danseuse étoile Anastasia Kolegova, et adorait jouer. Le seul problème était qu'il lui arrivait de dodeliner de la tête au rythme de la musique, ce qui détournait l'attention du public des ballerines. Il nous arrivait de la gronder pour cela. » Cela devait la faire braire.

Écrasée par un camion conduit par un... chien

Mary Stone, une habitante d'Ogden, dans l'Utah, allait chercher son courrier dans la boîte au bout de l'allée de sa maison quand un camion de la police locale fonça sur elle et la percuta. Le véhicule était affecté à un agent de la brigade canine, mais il n'était pas au volant : alors qu'il était sorti du camion, laissant le moteur tourner, son chien policier, Ranger, a sauté de l'arrière sur le siège du conducteur, et a enclenché accidentellement la marche avant. Stone a touché 300 000 dollars de l'assurance de la police, mais ne décolère pas pour autant. « Je trouve que ça mérite beaucoup plus, dit-elle. Si ma voiture avait écrasé un flic, je serais en prison, moi ! » Oui, mais a-t-elle un chien ?

Quand le singe sert à table !

Si vous vous rendez à Utsunomiya, au Japon, pour déjeuner, vous risquez d'être étonné. En poussant la porte de l'un des restaurants de la ville, vous verrez peut-être un curieux serveur s'affairer de table en table. Il est petit, agile, plutôt velu et a une étrange démarche… Normal, c'est un singe ! L'animal assure le service pour le plus grand plaisir des clients et de ses patrons. C'est en observant les gestes du personnel qu'il a, progressivement, appris à les… singer. Quand il n'amène pas les plats, le primate se déguise et exécute quelques pas de danses traditionnelles nippones. Les propriétaires assurent qu'il agit de son plein gré, sans y être forcé. Mais il est payé, bien entendu, en monnaie de singe.

Le passager était un alligator

Une patrouille de la police routière du Texas aperçoit une voiture qui zigzague, une nuit de la semaine dernière, et l'intercepte. Un agent contrôle les papiers du conducteur, Bill Johnson, et lui demande pourquoi il n'allait pas droit. « C'est à cause de l'alligator qui est sur le siège arrière », répond-il. La bête, longue de deux mètres, a été remise à un parc animalier. Johnson a été inculpé de possession illégale d'alligator. Sans doute zigzaguait-il pour bercer le saurien.

Un maton nommé Grizzly

En général, lorsqu'un énorme grizzly de cent quatre-vingts kilos rôde autour d'un lieu habité, les propriétaires appellent les secours. Alors pourquoi diable en Louisiane, Burl Cain est-il si heureux de la présence du féroce plantigrade autour de son lieu de travail ? Tout simplement parce qu'il est le directeur d'une prison de haute sécurité ! « Aucun de nos détenus ne cherchera plus à s'évader, sachant qu'un ours rôde dans le coin. C'est le meilleur gardien que l'on puisse avoir et en plus, nous n'avons pas besoin de le payer », a-t-il déclaré. Et le directeur sera d'autant plus rassuré d'apprendre que selon les estimations, il y aurait une dizaine d'autres ours dans les forêts entourant sa prison.

Un perroquet perdu donne son nom... et son adresse

Il y a deux semaines, Shinjiro Uemura, un policier de Nagareyama, au Japon, avait été appelé pour recueillir un perroquet perché sur un toit de la ville. « L'oiseau a passé la nuit au commissariat, raconte-t-il, puis je l'ai emmené chez un vétérinaire pendant que je menais mon enquête pour trouver son maître. Quelques jours plus tard, le vétérinaire m'a téléphoné pour me dire que le perroquet s'était mis à lui parler, qu'il affirmait s'appeler Yosuke Nakamura, et avait donné son adresse complète. Du coup, j'ai vérifié l'adresse, et il y avait en effet une famille Nakamura qui vivait là. J'ai appelé, et je leur ai dit qu'on avait retrouvé Yosuke. » Les maîtres, fous de joie, ont expliqué qu'ils avaient enseigné, depuis deux ans, son nom et son adresse au perroquet. Sage précaution !

Un monument pour le « soldat Ours »

Alors qu'une unité de l'armée polonaise libre cherchait à gagner la Grande-Bretagne à partir du Caucase, en 1943, les soldats sont tombés sur un ourson, et l'ont adopté comme mascotte. Pour le garder pendant la campagne d'Italie, en 1944, il a fallu l'enrôler, et le plantigrade a été baptisé « soldat de 2e classe Voytek Ours ». Il a pris part à la bataille du Monte Cassino, où son rôle était de transporter des obus de mortier vers les premières lignes. Après la capitulation allemande, les militaires qui ne souhaitaient pas retourner en Pologne, passée sous régime communiste, ont été accueillis en Écosse avec le soldat Ours. « Il était gentil comme un chien, raconte l'ancien combattant Augustyn Karolewski. Il aimait les cigarettes et il aimait la bière, comme tous les soldats. » À la démobilisation, en 1946, l'ours a été confié au zoo d'Édimbourg, où il a coulé des jours paisibles jusqu'à sa mort, en 1963. Aujourd'hui, un comité s'est formé pour ériger un monument à sa mémoire sur l'emplacement de l'ancien camp polonais. Il est vrai qu'il est trop tard pour lui donner la médaille qu'il avait amplement méritée.

Il échappe à la police... pas aux sangliers

Près de Schwerin, en Allemagne, un délinquant de 18 ans avait décidé de voler un 4 x 4 pour se payer une petite virée. Tout se passait pour le mieux jusqu'au moment où l'affreux jojo aperçut au loin un barrage de police. Il fit brusquement demi-tour et, aussitôt, se retrouva poursuivi par deux voitures. Au bout de cinq kilomètres de poursuite, le voleur dut se rendre à l'évidence : il ne parviendrait pas à semer les policiers. Il arrêta sa machine, et partit en courant vers un bois. Au bout d'une longue course, se croyant à l'abri, il reprit son souffle en rigolant du bon tour qu'il venait de jouer à la police. Hélas, ses rires perturbèrent... une harde de sangliers, qui se mirent à le charger. Parvenu à se hisser sur une branche d'arbre, notre pied nickelé n'eut plus qu'à crier pour appeler les policiers à son secours. Lesquels en rient encore.

Des souris… et des hommes ?

Alors qu'il regardait la télévision, tranquillement affalé sur son canapé, un Allemand de 23 ans a eu la peur de sa vie. Son cœur a bien failli lâcher lorsque, vers 3 heures du matin, il a aperçu une souris traverser son salon d'un pas allègre. Terrifié, le jeune homme s'est levé d'un bond avant de quitter son appartement en trombe, se retrouvant en chaussons sous la neige, vêtu d'un simple caleçon et d'une couverture. Incapable d'affronter le dangereux rongeur, le froussard grelottant a appelé la police de Göttingen d'une cabine téléphonique. Perplexes, les forces de l'ordre ont tenté de capturer ou de faire fuir l'occupant, mais en vain. Paniqué à l'idée de partager son domicile avec le petit mammifère, l'homme a préféré se réfugier chez un ami. Pas sûr qu'il ait osé avouer à son hôte la véritable raison de sa fuite nocturne !

La patience a ses limites : le lion rugissait trop

Un Roumain gardait dans son jardin un lion de 3 ans, en compagnie de deux daims, un cerf et deux paons. Ses voisins viennent de porter plainte contre lui, ne supportant plus d'entendre les rugissements terrifiants du félin. L'homme amoureux des bêtes risque un an de prison pour détention illégale d'animaux sauvages, et le fauve a été confié au zoo de Bucarest. Les voisins peuvent désormais regarder tranquillement les films qui passent à la télé, particulièrement ceux de la Metro Goldwyn Mayer, roaaar !

Le pigeon était un passeur

Dans le quartier de haute sécurité d'une prison bosniaque, un détenu élevait un pigeon avec la permission des gardiens. D'ailleurs, l'administration de l'établissement envisageait un projet d'élevage de pigeons dans le cadre du programme de réhabilitation des détenus. Elle a changé d'avis depuis que le pigeon du condamné a été placé… en garde à vue ! L'animal voyageur est en effet soupçonné de fournir de la drogue aux prisonniers. « Nous ne savons pas quoi faire du pigeon, a avoué le responsable pénitentiaire, mais pour l'instant il va rester derrière les barreaux. » S'il est condamné à mort, ce n'est pas de la drogue, mais une boîte de petits pois qu'il conviendra d'apporter à la prison…

Un « pigeon magique » pique un pénis

Le syndicat des conducteurs de « mototaxis » de Gwagwalada, une ville du Nigeria, vient de porter plainte contre Mohamed Ma'aji, l'accusant d'avoir « volé la virilité » d'un des membres du syndicat, Moussa Aboubakar, à l'aide d'un « pigeon magique, cravaté de noir ». « J'ai conduit Ma'aji à trois endroits différents. Au retour chez lui, il m'a serré fortement avec ses jambes, sur lesquelles était posé un sac contenant le pigeon, affirme Aboubakar. Je me suis senti défaillir, alors j'ai arrêté la moto pour regarder dans mon pantalon, et tout avait disparu ! » Ma'aji rejette fermement l'accusation. « J'ai déjà un pénis, alors que voudriez-vous que je fasse de celui d'Aboubakar ? Et je n'ai jamais eu de pigeon, magique ou pas. »

Un ami des bêtes apprend à voler à un héron

Gary Zammit, un Anglais de 42 ans féru d'oiseaux, se promenait dans une réserve naturelle de Cornouailles juste après une violente tempête. Dans un nid tombé, il trouve un héron gris âgé de quelques semaines à peine, qui agonise. Gary le ramasse, le ramène chez lui, et le nourrit de petits poissons. L'oiseau, baptisé Dude (« Mec »), prospère et atteint la taille adulte. Mais il ne sait pas voler.

Gary a alors l'idée de courir aux côtés de Dude en agitant les bras comme des ailes. Le héron se met à l'imiter, et au bout de quelques semaines de leçons, prend son premier envol. « Dude m'a adopté comme parent, explique Gary, alors il a bien fallu que je joue mon rôle jusqu'au bout. » Et le gentil héron dit merci à son papa !

Pie voleuse, pie marieuse

Depuis trois ans, Julia Boaler, une Anglaise de 36 ans, était inconsolable : alors qu'elle prenait une douche, la bague de fiançailles d'une valeur de 7 000 euros offerte par son compagnon, Justin Laycock, avait disparu. « Je me suis dit qu'elle avait dû tomber dans le tuyau d'évacuation des eaux, raconte-t-elle. Justin a démonté toute la plomberie, a enlevé les dalles de la salle de bains, et a même déplacé la baignoire, mais nous ne l'avons pas retrouvée. J'étais inconsolable. » Et puis, la semaine dernière, alors que le couple nettoyait la maison de fond en comble avant de la mettre en vente, Justin est allé tailler le grand chêne au bout du jardin. Apercevant un vieux nid de pie, il a jeté un coup d'œil à l'intérieur... et a trouvé la bague. « Nous sommes tellement contents que nous avons décidé de nous marier, du coup », affirme-t-elle. Espérons que la pie voleuse sera l'invitée d'honneur aux noces...

Les chiens sud-coréens vont être classés comme... bétail

La municipalité de Séoul, la capitale sud-coréenne, n'avait que les intérêts du consommateur en tête quand elle a voulu classer les chiens parmi le bétail. La raison est que les Coréens raffolent de la viande canine à tel point qu'on estime que quatre millions de toutous sont mangés chaque année. Or, comme les chiens ne sont pas considérés comme du bétail, aucune réglementation sanitaire n'est applicable, et tant l'abattage que la découpe laissent souvent à désirer. « Nous avons demandé au Gouvernement de classer le chien parmi le bétail, et d'en appliquer les règles d'hygiène, a affirmé Lee Hae-Woo, le chef des services de sécurité alimentaire. C'est une patate chaude, mais nous ne pouvons faire comme si le problème n'existait pas. » Brûlante, même, la patate, puisque les amis des bêtes ont immédiatement hurlé de rage. « Nous restons à l'âge de pierre alimentaire, a tempêté le président de l'Association coréenne de défense des animaux. Je suis horrifié à l'idée de voir de la viande de chien exposée dans les boucheries à côté du bœuf et du porc, ou proposée dans les restaurants. » Il suffirait de créer des boucheries canines...

Un chien si gros qu'on le voit de l'espace

On imagine la surprise de Fran Miller, une restauratrice anglaise, quand son beau-frère l'a appelée pour lui dire de regarder les images satellites de sa maison sur Google Earth. « Mets le zoom au maximum, lui conseilla-t-il, et regarde au milieu de ton jardin. Tu vois la grosse tache marron ? Eh bien, je suis sûr qu'il s'agit de Boris, ton chien. » Il faut préciser que Boris est un bull staff qui pèse... quatre-vingt-dix kilos. « Je suis très fière que notre chien soit visible de l'espace, affirme Miller, même si j'aimerais qu'il maigrisse un peu. Le problème, c'est qu'il quémande les restes auprès des clients de notre restaurant. » Vu la taille de Boris, on comprend qu'il y en ait peu qui osent refuser.

Les chiens les plus casseurs sont grands… et petits

Un sondage conduit par une compagnie d'assurance britannique auprès de trois mille propriétaires de chiens révèle que les deux races qui causent le plus de dommages au mobilier, aux tapis et aux vêtements de leurs propriétaires sont le dogue allemand, dont un spécimen détient le record canin de taille avec plus d'un mètre de hauteur, suivi de près par le chihuahua, la plus petite race au monde. En moyenne, un danois coûtera 668 livres (830 euros) au cours de sa vie, un chihuahua 638 livres (790 euros). Détail cocasse : la race la moins destructrice est le… saint-bernard. Sans doute la tradition de porter une barrique de cognac autour du cou.

Bonnets C comme Chauve-souris

« Quand Margot dégrafait son corsage, pour donner la gougoutte à son chat, tous les gars du village étaient là », chantait Georges Brassens. Quand Mlle Hawkins, la réceptionniste du *Holiday Inn* de Norwich, s'est mise à dégrafer son soutien-gorge pour voir si son… portable (comme elle le pensait) s'y trouvait, y avait-il beaucoup de clients à la réception ? L'histoire ne le dit pas, mais

Mlle Hawkins découvrit un bébé chauve-souris dans un des bonnets ! « J'avais senti des petites secousses dans mes vêtements lorsque je conduisais ma voiture pour venir travailler, raconte-t-elle au *Daily Telegraph*, mais j'ai cru que c'était le vibreur de mon portable que j'avais mis dans une poche de veste. » C'est la nuit, alors que Mlle Hawkins avait étendu son soutien-gorge sur un fil à linge dans le jardin, que la petite chauve-souris s'était installée dans ce nid douillet. Mais au fait, où est le portable de Mlle Hawkins ?

Le cobra meilleur ami de l'homme

C'est ce qui s'appelle faire preuve de self-control. Un couple, originaire d'Afrique du Sud, a roulé plus de cent soixante-dix kilomètres avec comme passager... un cobra ! C'est le mari qui, sentant quelque chose sur sa jambe, a pensé à un insecte avant de s'apercevoir qu'il avait embarqué dans sa voiture un serpent. Originaire du Mozambique, la bestiole « extrêmement venimeuse » a la particularité de cracher son venin à cinq mètres ! Pas très rassurant lorsque l'on doit partager le petit habitacle d'une voiture avec elle. Le couple s'est arrêté plusieurs fois sur le bord de la route pour tenter de faire sortir l'animal, mais celui-ci avait disparu. C'est à quelques minutes de l'arrivée que le conducteur s'est soudain retrouvé avec le dangereux reptile de quatre-vingt-cinq centimètres enroulé tout autour de sa jambe. Sachant que tout geste brusque pouvait lui être fatal, il a continué sa route comme si de rien n'était. Le serpent s'en est alors allé ramper sur la banquette arrière d'où les policiers l'ont délogé. Ce cobra semblant tant apprécier la compagnie des humains peut se réjouir : il va désormais vivre dans un zoo.

Un chat dans le colissimo

Bien curieux moyen de transport que celui emprunté par ce petit chat, qui a voyagé par... voie postale. Le filou avait quitté l'appartement de son propriétaire pour s'introduire dans une maison voisine, puis s'était glissé dans un carton contenant un siège-auto, prêt à être expédié. Ni vu ni connu, le colis a été fermé et envoyé. Parti de Bavière, l'animal a parcouru environ sept cent vingt kilomètres, pour finalement arriver en Rhénanie-du-Nord-Westphalie. C'est la voisine qui a prévenu sa propriétaire à l'arrivée du paquet. Curieuse façon de se faire la malle...

Sauvée du cancer par une vache

Sarah Kerr, une agronome écossaise de 32 ans, inspectait des vaches dans un pré, près de Linlithgow. Soudain, une laitière se précipite sur elle et lui donne un coup de tête en plein ventre. Pliée en deux de douleur, Kerr appelle les secours sur son téléphone mobile. Elle est emmenée à l'hôpital local, où les médecins décèlent... un cancer. Comme le mal n'était pas avancé, Kerr a été soignée avec succès. « Si la vache ne m'avait pas attaquée, je serais morte, constate-t-elle. Il faut absolument que je la retrouve pour la remercier. » On espère que la bête sera plus aimable que lors de leur première rencontre.

Au feu le lapin, y'a la maison qui brûle !

Encore un animal domestique sauvant ses maîtres d'un incendie. L'affaire s'est déroulée en Australie, non loin de Melbourne. En pleine nuit, tandis qu'un couple et ses trois enfants dormaient, un court-circuit causa un départ de feu au rez-de-chaussée. Tandis que la fumée commençait à envahir la maison, le lapin domestique de la famille monta l'escalier et se mit à gratter frénétiquement à la porte de la chambre des parents. Le père finit par se réveiller. Il parvint à évacuer sa famille... mais pas à sauver sa maison. Quant au lapin, il a naturellement fait la Une des journaux locaux.

Un oiseau miaule pour avoir la paix

M. Jiang, propriétaire d'une animalerie à Nanjing, en Chine, avait appris à parler à un sansonnet, une espèce qui imite les sons très habilement. Tout se passait bien jusqu'au jour où Jiang a acheté deux perroquets, qui se sont révélés extrêmement bavards. « Leur caquetage énervait terriblement le sansonnet, raconte Jiang. L'oiseau s'est aperçu que les perroquets ne se taisaient qu'en présence du chat de la maison. Du coup, il a appris à imiter le miaulement du matou. Maintenant, dès que les perroquets font trop de bruit, il miaule, et ça s'arrête. » Le chat devrait demander des droits d'auteur...

Le perroquet qui criait au loup

Les voisins pensaient sûrement bien faire en appelant la police pour sauver la personne qui hurlait dans leur immeuble *Help me ! Help me !* (« Aidez-moi ! Aidez-moi ! »). Arrivés sur les lieux, les agents de la ville américaine de Trenton sont tombés sur un bec... de perroquet, une femelle déchaînée sur son perchoir. Les appels à l'aide qui avaient été pris pour des cris de femme en détresse n'étaient en réalité que des imitations de cette vieille oiselle de 10 ans accro au petit écran. La simulatrice n'en est pas à son coup d'essai, elle a déjà eu affaire à la police, ses reproductions des pleurs de bébés ayant alerté les services sociaux ! La propriétaire du volatile affirme n'avoir aucun contrôle sur les écarts langagiers de son animal qui enrichit son vocabulaire en regardant la télé. La violence de certaines émissions ayant une influence négative sur les têtes d'oiseaux, faudrait-il les interdire à toutes les plumes bavardes ?

L'arbitre donne un carton rouge au... perroquet

Irene Kerrigan, une jeune Anglaise, a deux passions : le football et son perroquet, baptisé Me-Tu (« Moi aussi », phonétiquement). Hélas, les deux font mauvais ménage. Ainsi, la semaine dernière, quand elle a emmené Me-Tu voir un match de son équipe favorite, les Hertfordshire Rangers, contre Hatfield, l'arbitre, Gary Bailey, a vu rouge. « À chaque fois que je sifflais une faute, un grand perroquet vert installé dans une cage au premier rang produisait un sifflement identique, a-t-il expliqué. Les joueurs s'arrêtaient tous, alors j'ai demandé à sa propriétaire de quitter le stade avec l'oiseau. C'est bien la première fois que je donne un carton rouge à un perroquet. » Circonstance aggravante : à chaque fois qu'un joueur passait à proximité, Me-Tu lui adressait un sonore « Salut, beau gosse ! »

Oiseau de mauvais augure

Un zoo d'Angleterre ne sait plus quoi faire d'un de ses oiseaux résidants. C'est un cacatoès, qui a pris l'habitude d'insulter copieusement tout individu s'approchant de sa cage, d'imiter des bruits aussi doux à l'oreille que l'alarme d'une voiture ou d'une sonnerie de téléphone portable, tout en enfouissant sa tête dans son écuelle afin d'amplifier le volume sonore de ses obscénités. Son ancien propriétaire s'en était déjà débarrassé en le confiant au zoo car il ne supportait plus la compagnie du perroquet hostile. Le zoo, lui, hésite entre le bâillon ou le retour dans sa jungle.

Un kangourou jaloux boxe un jogger

Il ne fait pas bon déranger un kangourou en train de draguer... Un homme de 50 ans qui faisait son jogging dans la banlieue de Melbourne, en Australie, a été attaqué. Il semble que le jogger courait entre une femelle et un mâle kangourou, quand ce dernier l'a violemment agressé. Emmené à l'hôpital, la victime souffre d'une large entaille à la tête et de multiples contusions aux mains. Vu la réaction de l'animal envers celui qu'il a pris pour son rival, on se dit que son succès avec la femelle n'était pas dans la poche...

Boire ou galoper, il faut choisir

Épidémie internationale d'alcoolémie chevaline : à Lelesti, en Roumanie, les policiers ont eu recours à un vétérinaire pour savoir si un cheval de trait, pris d'un accès de folie alors que son nouveau maître le ramenait d'une foire agricole, et qui avait tué un passant âgé de 86 ans, était ivre. Réponse : soûl comme un bourrin polonais. « Nous pensons que le vendeur avait fait boire de l'alcool à son cheval pour qu'il semble plus en forme », indique la police locale. Quelques jours plus tard, à Newquay, en Angleterre, un poney s'est laissé tenter par les pommes tombées dans le jardin de la maison voisine. Hélas, elles avaient commencé à fermenter, et après en avoir mangé des centaines, le poney, nommé Fat Boy (« Petit Gros ») s'est retrouvé tellement soûl qu'il... est tombé dans la piscine. « À 2 heures du matin, j'ai entendu un énorme *plouf*, raconte la voisine, Sarah Penhaligon. Je suis allée à la fenêtre, et j'ai vu un cheval dans la piscine. Je ne savais pas quoi faire. Qui faut-il appeler quand on a un cheval dans sa piscine ? » Finalement, ce sont les pompiers qui ont sorti la bête au treuil... Faudrait savoir si Fat Boy préfère l'eau ou l'alcool.

Ours mal léché

Agissant tel un drogué en manque, un ours irascible a totalement saccagé une plantation de marijuana. La police du comté de Garfield, aux États-Unis, a en effet découvert un champ clandestin totalement ravagé par un plantigrade. Conteneurs éventrés, nourriture disséminée au sol, canettes portant des traces de dents, griffures et traces de pas autour du camp : l'animal avait visiblement une sacrée dent contre les dealers, lesquels ont préféré prendre la poudre d'escampette sans leur marchandise... Une aubaine pour la police qui a saisi une importante quantité d'herbe et près de neuf cents jeunes plants de marijuana. Le nounours leur a donné un coup de patte providentiel !

L'éléphant camé sort de cure

Vous souvenez-vous de l'histoire de cet éléphant héroïnomane de 4 ans, devenu dépendant après avoir été nourri pendant des mois avec des bananes droguées par ses propriétaires pour mieux le contrôler ? Récupéré par un parc zoologique chinois, il avait été envoyé en cure de désintoxication en 2005. À présent sevré, le pachyderme était censé retourner vivre dans la nature. Seul problème, sa perception des odeurs et son comportement ont malheureusement beaucoup souffert pendant les trois ans où il a été domestiqué. De plus, le nombre de cachets qu'il a ingurgité pour sortir de sa dépendance a freiné sa réadaptation à la vie sauvage. Privé de ses défenses naturelles, il devra donc continuer à vivre dans un parc zoologique. Le voilà désormais libéré de la drogue, mais pas libre pour autant…

Le sanglier a la dent dure… et le reste aussi !

Les accidents de chasse insolites sont légion. Mais celui qui s'est déroulé à Montmain, en Côte-d'Or, mérite une mention spéciale. Âgé de 65 ans, Jean-Pierre Robert participait comme il en a l'habitude à une chasse au sanglier. Soudain, une bête surgit et l'un des chasseurs de la battue tire. Le porcin est blessé mais continue sa course. Un second chasseur fait alors feu. La balle, un projectile de vingt millimètres, touche la colonne vertébrale de l'animal (une zone mortelle à coup sûr). Mais c'était sans compter sur la solidité de la carcasse du gibier. Car, au lieu de transpercer la colonne vertébrale, la balle a ricoché et un éclat a perforé l'abdomen de Robert, qui se trouvait à une vingtaine de mètres de là. « S'agissant d'une balle de carabine, ce serait impossible. Mais puisqu'il s'agit d'un éclat de balle de fusil, la chose est théoriquement envisageable… bien qu'à ma connaissance il n'y ait pas de précédent », nous indique Bernard Ruelle, président de l'Association de chasse de Lanzac (Lot). Les jours du chasseur de sanglier ne sont plus en danger mais gageons que cette histoire l'aura rendu d'une humeur de cochon…

Le crocodile donne les cafards

Steve North, un contrôleur de l'hygiène anglais, avait été appelé pour inspecter une salle de bains. Le locataire se plaignait de la présence de cafards. Lorsqu'il sonna à la porte de l'appartement pour faire son constat, le locataire le reçut chaleureusement. « Je ne supporte plus ces bestioles. Il faut obliger le propriétaire à faire quelque chose », indiqua-t-il. L'expert se rendit dans la salle de bains et constata effectivement la présence de quelques blattes dans un placard. Mais en se retournant, il tomba nez à nez avec… un crocodile en train de prendre un bain ! « C'est à un ami. Je le garde pendant qu'il est en vacances », expliqua le locataire. Quel dommage que les sauriens ne se nourrissent pas de cafards…

Juste retraite pour le homard… à 140 ans

George, un détenu de 140 ans, est enfin libre. Les propriétaires d'un restaurant de New York, qui en pinçaient pour lui, ont décidé de rendre sa liberté à ce homard centenaire, afin qu'il meure de sa belle mort dans la Grande Bleue. La bête pesait dix kilos, et avait été pêchée au large de Terre-Neuve, au Canada, avant de passer dix jours dans l'aquarium du restaurant *City Crab and Seafood.* C'est la PETA (People for the Ethical Treatment of Animals), une association de défense des animaux, qui a évalué l'âge du crustacé et instamment demandé au propriétaire du restaurant de le relâcher. Selon les scientifiques, les homards peuvent vivre au-delà de 100 ans. En tout cas, George va passer une retraite heureuse près de Kennebunkport, dans le Maine… où la pêche aux homards est interdite.

Une chèvre vole une voiture

Les membres de la police nigériane auraient de quoi devenir chèvres... Deux témoins d'un vol de voiture ont débarqué, au commissariat, accompagnés d'une biquette, prétendant qu'elle serait en réalité un voleur de voitures, qui se serait métamorphosé en chèvre sous leurs yeux, afin de leur échapper tandis qu'ils tentaient de l'arrêter ! Les deux hommes ont prétendu que ce phénomène avait été provoqué grâce à la magie noire, un argument qui laisse sceptiques les policiers, qui ont cependant gardé l'animal. On se demande ce que ces curieux témoins avaient bien pu brouter comme herbe pour voir des chèvres voler des voitures...

Voulez-vous prendre pour époux ?... Coâ !

En Inde, la tradition veut que l'on marie des fillettes à des grenouilles pour chasser les mauvais esprits et les maladies du village. C'est en tout cas ce qui s'est produit récemment à Pondichéry. Deux jeunes filles âgées de 7 ans, Vigneswari et Masiakannu, ont eu « le privilège » de revêtir les habits traditionnels de mariage pour épouser des grenouilles devant plusieurs centaines de villageois. Le rituel se déroule de la façon suivante : des cantiques sont chantés pendant que les prêtres parent les fillettes et les grenouilles des symboles du mariage indien. Un feu sacré est ensuite allumé au moment où les « couples » sont déclarés « maris et femmes ». La journée se poursuit avec diverses cérémonies. Les villageois sont notamment divisés en deux clans, l'un jouant la famille des jeunes mariées, l'autre celle des grenouilles. On espère qu'à l'issue du festin nocturne, les grenouilles se sont transformées en princes charmants grâce au doux baiser de leurs nouvelles épouses.

La baleine comme « anti-crise » ?

La crise économique touche l'ensemble des pays du monde, l'information n'a échappé à personne. Mais ce que l'on sait moins, c'est que certaines espèces animales, celles en voie d'extinction plus particulièrement, sont aussi menacées par la récession. En effet, face à l'écroulement de son économie, l'Islande a eu l'idée aussi désastreuse qu'incongrue d'intensifier la chasse à la baleine. Rare pays à la pratiquer encore (avec la Norvège et le Japon), elle justifie sa décision par un drôle d'argument : relancer l'économie islandaise en dominant le marché mondial de la viande de baleine. Absurde quand on sait que ledit marché est justement totalement saturé ! En creusant un peu il s'avère que cette décision est en fait un cadeau d'adieu, bien empoisonné, laissé par le gouvernement démissionnaire. Les Islandais les premiers espèrent que le nouveau ministre aura le courage de dire : « La pêche à la baleine, cétacé ! »

Un manchot refuse de se jeter à l'eau

En Angleterre, un manchot est en train de devenir la mascotte du zoo de Leek, depuis que le personnel a constaté qu'il avait peur de l'eau. Les visiteurs viennent nombreux voir ce phénomène, qui refuse de se baigner avec ses vingt-trois congénères. Selon les soigneurs du parc, cette phobie viendrait de la taille anormalement petite de la tête de l'animal, qui avait perdu plus de plumes que ses frères à son arrivée au zoo. Le palmipède aurait donc trop froid à la tête pour oser se mouiller, et se contente de se promener sur les cailloux autour du bassin. Il est ainsi plus difficile de le nourrir car en principe, les manchots s'alimentent dans l'eau. Autre problème : l'hygiène. Puisque l'oiseau ne supporte pas l'eau, il faut l'arroser pour le garder propre. Bref, ce manchot a bien besoin d'un coup de main !

Vieille et idiote… comme une mouche

Les mouches bêtes vivent plus longtemps, c'est ce que révèle une étude suisse publiée dans la revue *Evolution*. Pour parvenir à cette conclusion, deux scientifiques de l'université de Lausanne ont séparé une population de mouches en deux groupes. Le premier est resté à l'état naturel, le second a été éduqué. Tadeusz Kawecki et Joep Burge ont appris aux insectes de ce dernier groupe à associer une odeur de nourriture à un goût plaisant ou non, ou encore à faire correspondre un parfum à un choc reçu en laboratoire. Au terme de l'expérience, les chercheurs se sont aperçus que les mouches non-instruites vivaient en moyenne cinquante-quatre jours au lieu de quarante-cinq pour les mouches savantes. Ils en ont déduit qu'une activité neuronale plus soutenue que la normale pouvait accélérer le vieillissement. On vous déconseille donc la lecture des œuvres complètes de Heidegger…

Chapitre IX
Le paradis

Certains lecteurs nous reprochent de ne traiter dans ces pages que des histoires sordides. Certes, elles constituent la base de notre rubrique. Mais tout de même, il existe heureusement des héros pour ponctuer allègrement nos colonnes. Certaines « belles histoires » tiennent aussi de l'insolite. Quoi de plus normal pour conclure cet ouvrage que de leur consacrer un chapitre...

Un diamant retrouvé par miracle

Kristy Brittain, 25 ans, une habitante de Magra, en Tasmanie, faisait du ski nautique, un jour de la semaine dernière, quand elle se rendit compte que le petit diamant qu'elle portait à la narine était tombé. Trois jours plus tard, son fiancé, Darren Triffet, est sorti en mer pour pêcher, et a ramené ses prises chez eux pour les nettoyer. Or, en ouvrant un poisson, il est tombé sur... le diamant de Kristy.

On est ravi pour elle, mais le pauvre poisson aurait pu prétendre à une meilleure récompense que d'être mangé.

Après vingt-cinq ans, le boomerang revient au musée

Les habitants de la ville minière de Mount Isa, dans le Nord de l'Australie, sont aux anges : la semaine dernière, un colis est arrivé des États-Unis pour Ron McCullough, le maire, contenant un magnifique boomerang (un bâton courbé dont les aborigènes se servent pour chasser) qui avait été dérobé au musée municipal il y a un quart de siècle. L'objet était accompagné d'un chèque et d'un petit mot : « J'ai fauché ceci en 1983, quand j'étais plus jeune et plus bête. J'ai eu tort. Je suis désolé, Peter. » Comme quoi, un boomerang revient toujours !

Deux aviateurs sauvés par Jésus

Grant Stubbs et Owen Wilson, deux amis de Blenheim, en Nouvelle-Zélande, faisaient un tour en ULM au-dessus de la nature sauvage de Pelorus Sound quand le moteur cafouilla, toussa, puis s'arrêta. « J'ai tout de suite vu que notre seul espoir était de franchir une crête en planant et de trouver sur l'autre versant un bout de terrain assez grand et assez plat, a raconté Stubbs. Comme nous sommes tous deux croyants, notre premier réflexe a été de demander à Dieu de nous aider. Quand nous avons passé la crête, j'ai vu un champ qui était parfait, et nous avons pu nous poser sans souci. Nous étions en train de remercier le Ciel quand nous avons remarqué un grand panneau en bordure du champ, indiquant « Jésus est notre Seigneur ». Nous avons éclaté de rire, bien sûr. » Nous aussi.

L'argent ne fait pas le bonheur

Avait-il senti bien avant tout le monde que le vent tournerait ? Henry Quinson était *trader* il y a une vingtaine d'années. À 28 ans à peine, et déjà millionnaire, il a décidé de tout plaquer pour devenir… moine ! Un virage à 180° pour l'homme de foi, qui consacre désormais son temps aux jeunes des quartiers nord d'une cité de Marseille. À l'époque, sa décision avait choqué sa famille et ses collègues, mais l'ascète au cœur d'or, pour qui la vraie richesse est ailleurs, dit ne rien regretter. Étant donné la situation actuelle du côté de la bourse, en voilà un que

l'Esprit saint a bien inspiré... Il n'est pas sûr qu'une telle reconversion inspire les coupables de la crise financière. Pourtant...

Il retrouve sa montre... soixante-sept ans après l'avoir perdue

1941 : le croiseur *HMS Repulse* de la Royal Navy entre dans le port de Gibraltar. Le lieutenant Teddy Bacon lance une amarre vers le quai, et voit sa montre en or se détacher de son poignet et tomber dans l'eau. Il demande aux plongeurs du bord de la chercher, mais ils reviennent bredouilles. Bacon abandonne tout espoir de revoir sa chère Bulova Automatic.

2007 : au cours de travaux de dragage du port de Gibraltar, une pelleteuse rapporte une montre en or à la surface. Les ouvriers la confient à la capitainerie du port, qui consulte ses archives, et découvre une déclaration de perte du lieutenant Bacon. La montre est envoyée à l'adresse indiquée.

La semaine dernière : après avoir fait le tour des domiciles successifs de Bacon, la Bulova lui parvient. « Je ne pensais jamais la retrouver, s'est émerveillé Teddy Bacon, 89 ans. Ce qui m'a vraiment épaté, c'est que malgré ces soixante-sept ans passés dans l'eau, elle marche encore. » Une sacrée pub !

Elle change de groupe sanguin après une greffe du foie

Une fillette australienne de 9 ans a pris le groupe sanguin et le système immunitaire de son donneur à la suite d'une transplantation du foie. Un phénomène encore jamais observé, selon le magazine américain *New England Journal of Medicine*, qui vient de révéler cette histoire. Dotée à la naissance d'un groupe sanguin O rhésus négatif, Demi-Lee Brennan est devenue porteuse du groupe O rhésus positif, neuf mois après l'intervention. Les spécialistes expliquent cette mutation par une migration des cellules-souches du foie greffé dans la moelle osseuse de l'enfant, à l'origine des cellules sanguines. Aujourd'hui âgée de 15 ans, Demi-Lee est en parfaite santé. Les médecins étudient de près ce cas exceptionnel pour tenter de mieux limiter à l'avenir les rejets d'organes, encore très fréquents.

Il sauve deux blessés grâce à un... jeu vidéo !

Paxton Galvanek, un Américain de 33 ans, roulait en compagnie de sa femme sur une autoroute du Colorado quand il a vu une voiture arrivant en sens inverse déraper avant de faire plusieurs tonneaux. Pendant que sa femme appelait les secours, Galvanek s'est précipité vers l'épave fumante, a extrait les deux occupants, a évalué la nature et la gravité de leurs blessures, puis a pratiqué les gestes de secourisme nécessaires jusqu'à l'arrivée des professionnels. Quand on l'a félicité pour son expertise, il a expliqué, un peu penaud, qu'il avait appris toutes ces techniques dans...

« America's Army », un jeu vidéo guerrier, où l'on apprend à soigner les camarades blessés au combat.

Il tombe par la fenêtre, un clou miraculeux le sauve

La presse chinoise s'est passionnée pour le miracle qui a sauvé la vie de Zhao Jingzhi, un homme de 85 ans qui vit au cinquième étage d'un immeuble à Zhengzhou. « Il faut pousser très fort pour ouvrir la fenêtre chez moi, a expliqué le vieillard. Mais cette fois, j'ai poussé trop fort, et je suis tombé dans le vide. » Par miracle, la veste de Zhao s'accroche à un clou planté dans la façade de l'immeuble, entre le cinquième et le quatrième. Il reste suspendu. « J'étais en train de regarder la télé quand j'ai entendu un choc, et vu deux jambes qui pendouillaient devant ma fenêtre », a raconté Mme Liu, du quatrième. Elle donne l'alerte. Des centaines de curieux s'attroupent. Au bout d'une demi-heure d'efforts, les pompiers réussissent à descendre Zhao en rappel. À l'hôpital, précise le *Soir de Zhengzhou*, les médecins ont trouvé Zhao « en bonne forme », mais ils lui ont conseillé d'être plus prudent à l'avenir. On n'a pas toujours la chance de tomber sur un clou.

Le mécano aveugle marche à l'ouïe et au toucher

Nombreuses sont les célébrités non-voyantes à avoir marqué l'histoire de l'art par leur talent. Ray Charles, Andrea Bocelli, Amadou et Mariam… Elles ne cessent de susciter la curiosité, autant que l'admiration : mais comment font-elles ? Eh bien il n'y a pas que les musiciens aveugles pour nous épater. Il y a aussi… les mécaniciens aveugles ! Dans la ville de Nuis, aux Pays-Bas, Col Collewijn travaille dans un garage automobile depuis trente ans, bien qu'il ait perdu la vue à l'âge de 8 ans. Il utilise seulement ses sens de l'ouïe et du toucher. Il raconte : « Je travaille en faisant entièrement confiance à mes mains et mes oreilles. Je peux sentir si une vibration est bizarre ou si le moteur fait un bruit étrange. [...] Je peux sentir ou entendre d'où vient le problème et commencer tout de suite la réparation. Et j'ai un gros avantage sur les autres : je peux réparer des voitures dans le noir. » Chapeau le mécano !

Les trois sœurs

Deborah, une petite Anglaise, avait été adoptée à l'âge de 2 mois et séparée de Marylin, son aînée d'un an. Mais les deux petites filles ignoraient qu'elles étaient sœurs, chacune vivant dans sa famille d'adoption. À l'adolescence, le hasard fait que Deborah et Marylin sont employées comme caissières dans le même supermarché et sympathisent. Elles deviennent même amies et chacune se fait la réflexion qu'il y a beaucoup de points communs entre elles. Elles se marient, et habitent à quelques centaines de mètres l'une de l'autre, dans le Somerset. Leurs enfants sympathisent. Aujourd'hui, comme le rapporte le quotidien *The Sun*, Deborah, 44 ans et Marylin, 45 ans, viennent de découvrir qu'elles sont sœurs ! Mais c'est leur troisième sœur, Sally, 46 ans, inconnue jusque-là des deux autres, qui vient de leur apprendre, après une enquête sur son abandon qui a duré des années. Rien ne vaut les familles réunies.

À 9 ans, il écrit un best-seller sur un sujet vieux comme le monde

Alec Greven a 9 ans et va à l'école de Castle Rock dans le Colorado. Pour la fête de fin d'année, plutôt que d'essayer de vendre des colliers de nouilles, il écrit lui-même à la main et photocopie un petit livre de quarante-six pages qu'il mettra en vente 5 dollars (3 euros) et qui s'intitule *Comment parler aux filles*. Le succès est immédiat, les garçons se l'arrachent, la presse et la télévision s'en mêlent et Alec Greven vient de signer un contrat avec la maison d'édition HarperCollins ! On peut lire dans son manuel : « Si tu dis "bonjour" à une fille et qu'elle te répond, c'est ce qui peut s'appeler une bonne entrée en matière. » Au chapitre III, on peut aussi lire : « C'est facile d'attirer l'attention des jolies filles car elles portent des grosses boucles d'oreilles, des robes et plein de bijoux. En fait, les jolies filles sont comme des voitures qui demandent beaucoup d'huile pour bien rouler. Fais-lui des compliments, et ça marchera. » Il continue : « La plupart des garçons veulent établir une relation stable avec une fille. Mais rappelle-toi que souvent les belles ont le cœur froid, ne te laisse pas avoir. » « Mignonne allons voir si la rose... », proposait déjà Ronsard.

La morsure du pied qui ressuscite

L'amour, c'est le pied ! En Chine, un mari a réussi à sortir sa femme du coma... en lui mordant les orteils ! La voix, le chant, la musique... Zhang Kui avait tout essayé pour réveiller sa moitié. Celle-ci était plongée dans un profond coma survenu il y a dix ans à la suite d'un traumatisme crânien subi lors d'un accident de travail. Un jour, le mari s'est souvenu que le pied était riche en terminaisons nerveuses. C'est pour cette raison qu'il s'est mis à lui mordiller les arpions, jusqu'à ce qu'elle réagisse aux stimulations. « Tout à coup, elle a pris ma main. J'ai eu la chair de poule », se souvient-il. Aujourd'hui, la miraculée peut bouger les bras, sourire, mais elle ne parvient toujours pas à retrouver la parole. Encore une petite morsure peut-être...

Les requins ? Suffit de leur casser la gueule

Un jeune homme de 20 ans a fait preuve d'un courage héroïque pour sauver sa cousine, en se battant contre un requin. La jeune Hannah Mighall, âgée de 13 ans, surfait tranquillement à Bingalong Bay, en Tasmanie, lorsque le squale de près de cinq mètres de long a mordu dans sa planche et l'a entraînée sous l'eau. Témoin de la scène, son cousin s'est précipité, bien décidé à en découdre avec le prédateur. Il a roué l'animal de coups jusqu'à ce que celui-ci finisse par lâcher sa proie. Le jeune homme raconte que frapper l'animal, « c'était comme cogner contre un mur de briques, c'était tellement dense. Il avaitfacilement la longueur d'une voiture. C'était un monstre ». Ramenée par son sauveur sur sa planche jusqu'au rivage, Hannah, bien que grièvement mordue aux jambes, se porterait bien. L'histoire ne dit pas en revanche si après cette correction, le requin est devenu végétarien...

JE VAIS CHERCHER MON GRAND FRÈRE, TU VAS VOIR !
TA MÈRE VA PAS TE RECONNAÎTRE !
GROS

Remerciements

Les auteurs tiennent à remercier :

Thierry Feuillet, l'ensemble des maquettistes et du service « édition » de *Marianne*, accoucheurs hebdomadaires de nos faits divers.

Anny Goudet, Bénédicte Foin, Chloé Belleret et Aurélie Collas pour leur précieuse collaboration. Ce livre est aussi le leur.

Et bien sûr Aline Fayet, « l'ange gardien » de ces pages depuis tant d'années.

Table des matières

Composition et mise en pages : FACOMPO, LISIEUX

Achevé d'imprimer en avril 2009
dans les ateliers de Normandie Roto Impression s.a.s.
61250 lonrai (Orne)
N° d'impression : 091391
Dépôt légal : avril 2009

Imprimé en France